RELOCATIONS

RELOCATIONS

Three Contemporary Russian Women Poets

Edited by Catherine Ciepiela

Selected Poems by

Polina Barskova

Anna Glazova

Maria Stepanova

Translated from Russian by

Catherine Ciepiela

Anna Khasin

Sibelan Forrester

ZEPHYR PRESS
Brookline, MA

Cover photograph by Eric Crawford
Book design by typeslowly
Printed by Cushing-Malloy Inc.

Zephyr Press acknowledges with gratitude the financial support of the
Massachusetts Cultural Council.

massculturalcouncil.org

Zephyr Press, a non-profit arts and education 501(c)(3) organization,
publishes literary titles that foster a deeper understanding of cultures
and languages. Zephyr Press books are distributed to the trade in the U.S.
and Canada by Consortium Book Sales and Distribution [www.cbsd.com]
and by Small Press Distribution [www.spdbooks.org].

Cataloguing-in publication data is available from the Library of Congress.

ISBN 978-0-9832970-8-6

98765432 first edition in 2013

ZEPHYR PRESS
50 Kenwood Street
Brookline, MA 02446
www.zephyrpress.org

Anna GLAZOVA

Maria STEPANOVA

Preface

by Catherine Ciepiela

In Russia every new century begins with a revolution in poetry. Russian poets are feverishly reinventing the canon having absorbed, belatedly and all at once, their own dissident and émigré traditions of the last century and the foreign poetry deemed unsuitable for the Soviet reader. The end of Soviet Russia in 1991 shifted the entire social landscape, to the immense benefit of Russian poetry, if not always of Russian poets, who now make their way in a literary marketplace similar to our own. The broad trend in contemporary Russian poetry has been to move beyond the great modernist tradition, with its vision of the poet as the nation's voice and its veneration of high culture.

The three poets gathered here belong to the generation who lived through this epochal "relocation." Polina Barskova, Anna Glazova and Maria Stepanova all were born in the 1970s and came of age during *perestroika*—old enough to have visceral memories of Soviet life but young enough to move adeptly with the new influences, new media and new choices introduced in the post-Soviet era. Educated in Soviet, American and European universities, they share a cerebral firepower they exercise in their chosen professions: Barskova and Glazova as scholars and teachers, Stepanova as an influential on-line journalist. They also live and work transnationally, and their writing absorbs influences from inside and outside Russia's borders. These practices align them with Russia's creative and professional classes, and the three are visible cultural figures. All have been honored by the Russian literary establishment; they are regular contenders for the prestigious Bely Prize, which Stepanova won in 2005.

Their generation was the last to grow up immersed in modernism, which these poets are engaged in renovating from within (work begun in the late Soviet period by figures like Elena Shvarts and Olga Sedakova). While for the first time in Russian poetry many poets are writing free verse, Barskova and Stepanova exercise their mastery of verse form even as they experiment with more open texts; Glazova's minimalist poems are influenced by late European modernism. They display the modernists' erudition while staying in touch with popular culture. They concern themselves with history and politics but have traded in the modernists' engagement with totalitarianism to address subjects like the Holocaust and the war in Chechnya, and they do so in more critical-minded ways. They have no patience at all for modernist mythologies of the poet, which they undermine with skepticism and humor, and they mistrust lyric emotion. In this last respect they confidently leave behind Marina Tsvetaeva and Anna Akhmatova as poets of female desire, while remaining conscious of themselves as writing women. Stepanova insists on calling herself a "poetess," a knowing postmodern reclaiming of a category Tsvetaeva and Akhmatova felt necessary to reject. Women are now more prominent in Russian poetry than ever before, which is why an all-woman anthology may be viewed as representative, and their creativity is more diverse, which is why we offer three in place of the two *grandes dames*.

The opening poem, "1998," marks the moment Polina Barskova, just over twenty years old and already the author of three books, resolved to leave her native Petersburg and move to the United States. She settled in San Francisco and worked as a caregiver for disabled patients before gaining entry to Berkeley's Slavic program, where she received a Ph.D. She teaches at Hampshire College, on the very same Route 116 in Western Massachusetts where Joseph Brodsky lived when he taught at nearby Mount Holyoke College. You might say she has traced his path from the Petersburg scene she depicts in "1998" to life in America as an émigré poet. Barskova, of course, lives here by choice. She is not, as Brodsky was, barred from her native country and, in fact, she travels there often and is a familiar presence on the Russian literary scene. But like Brodsky, and like Marina Tsvetaeva before him, she experiences her separation from Russia as an existential condition and a spur for writing:

> My relocation more than anything else in my life coined and finalized me into a writing being, which is, I guess, satisfying and nourishing, but it is also a cause of constant reflection; it's like with every loss, you can never forget your missing part. With huge difficulties, effort of imagination and stubbornness I construed my ambivalent present position—to observe and to serve my language and my city and my self from afar.

Hence Barskova's attention to the figure of Orpheus, named in the funhouse mirror of a title she gave her first book of poems in emigration, *Eurydeus and Orphice* (2000). For Barskova, to look back at what has been lost is to move forward, and she moves with velocity. Since that first post-Russia collection she has published five more, and with every new book she shifts her manner and attention, giving her career an extraordinarily mobile, open-ended feel.

Wherever she relocates, Barskova takes along her legacy as a Petersburg poet. Onto the lyric tradition that goes back to Alexander Pushkin she grafts a very different Petersburg branch, the "absurdist" Oberiu writers, with their grotesqueries meant to free words from the chains of logic. Barskova is also attracted by the decadent strain flowing under Petersburg's classical structures, as suggested by "Tomatoes and Sunflowers," where she renders the incipient decay of a late summer harvest in a refined poetic form. Formal poetry comes easily to her, but since emigrating she has begun undoing traditional Russian prosody. Much of her latest poetry is accentual, with lines that coalesce into *ad hoc* patterns and rhyming that fades in and out; her forms have the protean character imaged in these lines about a friend's poetry ("The Lawyer and the Pearl"):

> Shapes like N's, Y's and B's dance around on the paper
> Jostling bunching into flocks trying to attain the status of an
>   algorithm

She works as much now with syntactical rhythm, alternating short and long discursive periods in what Glazova has perfectly described as her "talkative text" (*boltlivyi tekst*). As another reader recently put it, more and more we get from her "only voice, the naked voice," whose rhythms and intonations I've taken as paramount when translating her.

In her most recent work, Barskova has metamorphosed into poet-historian, writing long cycles drawing on her research into the Siege of Leningrad. Here she works from archival documents to imagine her way into the raw sensory experience of this "unrepresentable" trauma. She reveals how the arts, and especially poetry, played an immense role in the struggle to survive. In the cycle we include here, "Leningrad Directory of Writers at the Front 1941–1945," each poem is construed as a portrait of the Siege writer, rendered in his or her own voice. By supplying only the writers' initials, Barskova challenges her Russian readers to consider why they might remain unaware of the complex historical record of a time that for many years symbolized patriotic heroism during WWII. (We provide information about the writers who inspired these portraits in notes at the end of the book.) Part of her challenge is to voice the polyphony of responses to the catastrophe, blurring the boundaries between "official" and "anti-Soviet". A hallmark of Barskova's poetry has always been brutal honesty; she has an instinctive impulse to demythologize that can shock her Russian audience. But her intent is to penetrate full human experience in what is ultimately an ethical project: "So my task, as I see it, is to pester and upset that very abstract entity 'society' and harangue—very beautifully, very sweetly harangue—on the subject of pain."

If Barskova can be comfortably autobiographical in her poems, Anna Glazova has an impersonal style with roots in the modernist writing she studies and translates professionally. She is not concerned with the self so much as with the senses, not concerned with expressing so much as perceiving, which is why her poetry may be described as phenomenological. The lyric speaker rarely steps into view but abides in her poems as a resident intelligence. She is embodied, when she is embodied, as hand, eye, ear, skin, lung—all working as organs of perception, gathering evidence about surrounding life. In each poem, Glazova closes in on a sensory event, rather as she frames corners of the visible world in the photography she pursues as a second art. She wishes to focus attention rather than to describe elaborately, so the poems are short: snapshots. Unlike a photograph, though, a Glazova poem doesn't capture a phenomenon but follows its unfolding in time. Glazova's world is always in flux; things come into being, take shape, change states (freeze, burn, evaporate), merge or mix, disperse or dissolve. These relocations take place at all levels of existence, spanning the organic and inorganic, animate and inanimate, higher and lower beings (from angels to shrews).

Embedded in this schema is the poet herself, whose shifting experience she observes with the same detachment she brings to all her researches:

> when pores open
> between ribs
> you can be sure you are breathing
> with the beads of sweat on the skin with the heat from
>   under the skin.
>
> when they close and you are alone you are
> the lighter in your breath.

Glazova records ephemera not elegiacally but in the service of knowledge. She pushes beyond the surface of experience to discern the "laws" (a favorite word) governing flows of life, borrowing the rhetoric of science and philosophy. The poem above, for example, is structured through the proposition "when A, then B". A statement is offered as valid ("you can be sure"), but what exactly have we learned ("you are breathing")? This is to ask what the uses of philosophy are for Glazova's poetry. On one hand, she seems engaged in a post-modern critique of authoritative discourses. But she also seems interested in how their formulas might power lyric inquiry of the sort Mandelstam projects in his famous line, "I'm given a body. What am I to do with it?" The experiences Glazova explores are obscure and ambiguous, conditioned by the intrinsic "vagueness of that which certainly happens nearby." Her poems move with the effort to perceive and understand, and they yield mysterious knowledge.

Glazova's phenomenological writing is relatively new to Russian poetry and shares much with the writing of her friend, the late Arkady Dragomoshchenko, a favorite of our own Language School poets. But her work is most strongly marked by the German poetry she studies, with its rich connections to a philosophical tradition. Glazova discovered German literature after moving to Berlin at age twenty with her husband and child, and she later pursued degrees in German and comparative literature at U.S. institutions—a turn in her life she attributes to the poetry of Paul Celan, whom she "just wanted to understand." She writes about Celan for American, German and Russian audiences and is a major translator of his poetry into Russian. (She also has translated the work of Robert Walser and Ulrike Zürn.) Celan has pervasively influenced her poetry, from his formal brevity, to his signature imagery (stone, water, web, hands, pores), to his conception of language as a dense filter or web (*Sprachgitter*). Like Celan, she writes against normal syntax in ways that undo traditional lyricism and compel more active reading, ways Anna Khasin imitates in her perceptive English translations. Glazova also embraces Celan's profound ambivalence toward his own culture: "My poetry is my survival kit, and that's why I like to think that it says more about being human than about being a poet, and even less about being a Russian poet. I just cannot help it that my language happens to be Russian."

Maria Stepanova remains in place in her native Moscow, perpetually "relocating" in wildly inventive verse. A highly regarded journalist, she is founder and editor of the online journal "Openspace" (openspace.ru), which functioned something like the Huffington

Post as Russia's only daily website devoted to cultural commentary, including political commentary. With up to 800,000 readers a month, the journal was the opinion-maker for young professionals, but it closed down in the summer of 2012 when private funders withdrew support in an increasingly hostile climate for independent journalism. (Stepanova has now reestablished the journal as Colta.ru with public funding, the first such venture in Russia.) As a poet she displays the journalist's interest in common contemporary experience, and the journalist's critical detachment from her subjects. That sense of her poems as "studies" of the present day is captured by the title of the book that won her the Andrey Bely Prize in 2005, *Physiology and Small History*, from which several poems in our selection are taken. These are the areas in which she is expert, namely, the physical and social body in all their symptomatic readability. The phrase "small history" signals her attention to the average person awash in the everyday, in the prose of history. It also evokes the "little man" of Russian nineteenth-century fiction, the plaything of large natural and social forces. Stepanova's poems always have people in them—though they can assume fantastic non-human forms—and her people are always typical. She brings to the writing of verse the canonic concerns of the novel, relocating prose into the sphere of poetry.

The most striking way in which Stepanova "prosaicizes" poetry is to write poems that have narrators, overthrowing the traditional lyric *persona*. She uses the *skaz* technique, created by Nikolai Gogol, of filtering the story through the mangled, quasi-literate speech of a first-person narrator. In a sense, the story *is* that mangled, quasi-literate speech, which says everything about the narrator's social environment and habits of thought. Like Gogol, Stepanova relishes this kind of speech not just for how it represents a social language but for its sonic texture. She also compounds the color of *skaz* narration with full-on poetic pyrotechnics: She is a masterful formal poet, who subverts meter and rhyme by working them to absurdity. For her the logic of form trumps all other logics, so much so that she will re-accent or truncate words to fit rigorously observed schemes. Thus led by the imperatives of language, she arrives at perplexing and hilarious figurations, in one instance combining Renaissance pornography with Stalin's Five-Year Plans. Her "carnival of images," as Barskova has called it, is not just an after-effect but a sought-after effect. In her translations, Sibelan Forrester matches the manic play of Stepanova's language, which retains its force even without the counterforce of Stepanova's strict verse form.

The verse form for which Stepanova is most famous is the ballad, not incidentally a narrative verse form. Her ballads were featured in her first book, *Songs of the Northern Southerners*, a parodic reference to Alexander Pushkin's "Songs of the Western Slavs." They are classic ballads in the way they combine the topical and the supernatural, and they are postmodern in drawing on eclectic cultural material. The ballad we include here, "The Pilot," tells the story of a pilot trained to run bombing missions (against Afghanistan, Chechnya, and other third-world targets), whose post-traumatic disorder triggers visions of the Eternal Feminine, filling his wife with murderous jealousy. At the same time as she invokes high Symbolist mythology, Stepanova alludes to the guitar songs of the '60s and '70s, which regularly feature pilots. (The truck driver of "About a Driver" is a similar masculine Soviet figure.) As so often in her work, "The Pilot" links the supernatural with some unprocessed collective trauma—here, the social damage that follows on brutally prosecuted colonialist wars. Her more recent and much celebrated verse tale *John Doe's Prose* (2008) works on an even broader scale, representing, through a fantastic plot involving secret police, shape-shifting and a Black Hen, the death-drive of post-Stalinist culture. Historical guilt and trauma can haunt a seemingly straightforward poem like "The Women's Changing Room at 'Planet Fitness,'" where showers morph into the gas chambers of the Holocaust.

Stepanova brings the same critical sharpness to matters of sex and gender. She treats gender as socially constructed, distinguishing it from sex as biological reality, which is where "physiology" comes into play. In her poems, Nature is a large force that governs the individual, a force the poetess defies, setting out like Don Quixote "against the hand-muscle-mills of nature!" The life of the species unfolds in tandem with revolutionary history in "Sarra on the Barricades," where the species reduces to Stepanova's own family: Sarra is her great-grandmother who fought in the 1905 revolution and lived long enough for Stepanova to remember her. Stepanova also records the family's female line in a remarkable sequence of sonnets to her mother, "20 Sonnets to M." She invokes a long literary tradition (up through Joseph Brodsky's "Twenty Sonnets to Mary Stuart") while working her usual distortions: she replaces the sonnet's classic love theme with a story about "two mousies," a daughter and a mother. Stepanova's mother died when Stepanova was young, a trauma that inflects her writing. Tsvetaeva suffered the same kind of loss, and Stepanova has observed with insight that Tsvetaeva, for all her strident individualism, fascinates us with the commonality of her fate. Stepanova seems to regard her own biography as folded into the larger cultural traumas she works through in her poetry.

These poets remain in conversation as they make their own ways in new worlds, reading and writing about one other's work, inspired by one other's examples. The idea and much of the labor for this volume belong to Barskova, an enthusiast for all writing that opens possibilities for international as well as Russian poetry. *Relocations* took shape through exchanges among the poets, the translators and the editors at Zephyr Press. We are glad now to have readers join the conversation.

Catherine Ciepiela
Amherst, Massachusetts

RELOCATIONS

Полина БАРСКОВА

Polina BARSKOVA

translated by Catherine Ciepiela

1998

важно но не откуда но откогда
начинается отделение выделения
направленья наружу:
безусловно декабрь условно охта
одинаковые дерматиновые здания
на которых в сумерках клейма горят госсбыт
мясо овощи обувь — абстрактная вечновещность
из под калошек грязька топот из под копыт
по пустырю летит: такая знаешь сердечность
прямота и прэлесть сумеречных бесед!
на которых как Дант на лифте спускаешься круг за кругом
в тот подвал где слепая кошка кусочек стекла грызёт
или в тощий осинник за тучным парком
где замечтавшись писиет придурок на тлеющий шмат листвы
с тем небрежным достоинством как будто он в Петергофе
фавн фонтанный.

будуарная разница между ты и вы,
восемь поэтов одна другого страшней в артистической злобе
отчаянья,
горящий куст матерка,
что всегда является в миг прощанья —
Deus ex machinae проспал свой выход.
Утро, декабрь, река.
уплощено уплочено
За светлый ад воскресенья.

1998

it matters not at what place but what moment
the uncoupling decoupling
of movement outward begins:
in December precisely in Okhta probably
identical buildings of crap leatherette
on which scars of SovHousewares glow in the night
meat vegetables footwear — abstract metamatter
filth flies as galoshes gallop
across the wasteland: so earnest, you know,
such candor and cha-harm in those nightly sessions!
where the elevator drops you Dante-like circle by circle
to the basement where a blind cat gnaws on a piece of glass
or the anemic grove at the edge of the well-fed park
where a musing imbecile pisses on a rotting mat of leaves
with casual dignity like a faun perched
on a fountain at Peterhof.

boudoir protocol of familiar and formal address
eight poets each more monstrous than the next
in despairing artistic malice,
the burning bush of crude come-ons
flares predictably with goodbyes —
again the *deus ex machina* sleeps through his cue.
Morning, December, river.
stamped approved
passage to the shining hell of resurrection.

Незавершённые люди с прыщиками на висках,
С волосами трачеными всеми цветами бензина
                в полночной луже.
С кусками железа в ушах, запястьях, сосках.
Всё снаружи
У вас, что у мне подобных внутри:
Срам, сияние, смех: простые яркие вещи.
Вы настолько зловещи
В своей беспомощности, насколько мудры
В скорости превращений. Посмотри —
Как автопортрет Дориана Грея
Искажается лик юнца — с каждым мигом серее,
Навязчивей, тяжче тени.
Как чтиво, которое поглощаешь, начиная с конца,
В юном лице проступает почерк предсмертной лени.
Намечается груз сирени
Над ухом самоубийцы, притихшего на траве,
Он сам подобен дыбе соцветий, огромной грозди.
Шмели-муравьи прицениваются к прекрасной его голове.
Добро пожаловать в гости:

Козявочки с червяками,
Букашечки с мотыльками.
А жуки рогатые,
Мужики богатые,
Шапочками машут,
С бабочками пляшут.
Тара-ра, тара-ра,
Заплясала мошкара,

Uncompleted people with acne on their temples,
Hair all the colors of gasoline on a pitch-dark puddle.
Metal bits in their ears, wrists, nipples.
Everything people like me have inside, you wear
On the outside:
Shame, radiance, laughter: simple flashy items.
You are as ominous in your helplessness
As you are wise in the speed
Of your transformations. Watch
As the young man's face warps, a self-portrait of Dorian Gray,
Each moment more dense, more obtrusive
Than shadow, more grey.
Like a cheap novel you devour starting at the end,
Mortal languor leaves its cursive on his skin.
I notice a lilac resting heavy against
The ear of the suicide settled in the grass,
Himself a stack of conflorations, an enormous cluster.
The insect folk assess the price of his gorgeous head.
Come one, come all!

Midges and worms,
June bugs and gnats,
Beetles with horns
Waving their hats,
Show off their gold,
The fancy ants
Begin to dance
With the butterflies,
Tra-la-la,

Он лежит средь них такой
С отведённою рукой
С синей капелькой у рта
Что значит — место для крота —
Поцелуй крот крот
Поцелуй рот в рот
Насладись прощальным мёдом меланхолических щедрот.

At the center he lolls,
His arms sprawl,
A blue drop near his mouth
Says "spot for a mouse"
Kiss mousie mouse
Kiss mouth on mouth
Suck the last honey of melancholic bounty.

Адвокат и Жемчужина. Басня.

Снился мне лучший из снов: забирают в тюрьму
Суматоха бессмыслица жара кондиционер
Появляешься ты говоришь
Я буду тебя от тебя защищать
Вот смотри я вывел чудесную формулу
Ты чертишь знаки на таинственной сальной бумажке
Извлечённой из карманных глубин
Ни у кого нет таких штанов как у тебя
Живущих своей независимой жизнью
Тащащихся барахтающихся в пыли съезжающих
   на проезжую часть
На бумажке пляшут какие то N, Y и B
Толпятся сбиваются в стайки пытаясь добиться статуса
   алгоритма
И мне становится ясно и прохладно и ясно что спасения
   быть не может
Что спасение мною истолковано было превратно
Что пока ты чертишь знаки не подпускающие не
   впускающие к себе
Пока улыбаешься мне словно себе—
Я могу быть себе жемчужиной в створках письма
Или устрицей
Перламутровой слизью
Слезой
Пока ты держишь своими буквами мои буквы
Гладишь гладишь гладишь и отпускаешь

The Lawyer and the Pearl. A Fable.

I had the best possible dream: they carted me off to prison
Chaos insanity summer heat air conditioning
You turn up and you say
I will defend you from yourself
Just look I worked out an amazing formula
You scratch marks onto some mysterious waxed paper
Dredged from the deeps of your pocket
Nobody has pants like yours
They live their own independent life
Dragging flopping around in the dust slapping the asphalt
Shapes like N's, Y's and B's dance around on the paper
Jostling bunching into flocks trying to attain the status of
        an algorithm
And I get clear and cool and convinced there will be no
        rescue
That rescue would be badly interpreted by me
That as long as you scratch your unapproachable inscrutable
        marks
As long as you smile at me like you smile to yourself
I can happily be a pearl in the bivalve of your writing
Or the oyster
The pearly secretion
The tear
As long as your scratches circle my scratches
And you smooth smooth smooth and release me

Родительский День

Пионерский лагерь «Юный Дзержинец» —
Испанский сапог, хрустальный зверинец.
В старших отрядах тиберианские оргии после отбоя
(так шепчут в младших отрядах):
Портвейн, пионервожатые в соблазнительно-непрактичных
      нарядах,
Белое, голубое,
Алое на груди: шмоток плоти, кусок цвета.
Малыши разгадывают — чем это они там занимаются
      до рассвета.

Мне восемь лет. Утешение — дырка в заборе,
Море черники, а также море
Воды безупречно блеклого толка.
Можно смотреть на неё не просто долго, но всегда,
С понедельника до субботы.
Километры военного шолка,
Чаек истерические заботы.

Вот воскресенье. Меня посылают дежурить на вышку
Возле главных ворот
Энергический разворот —
Феликса змеиный профиль.
(Поскольку рифма освоена — условимся, Мефистофель
Предлагает Фаусту революции блаженство — отведать кровки.
Фауст заинтересованно сдвигает редкие бровки)

Посылают дежурить на вышку.
Оттуда — вид на дорожку.
По ней попроведать крошку

Parents Day

Pioneer Camp "Dzerzhinsky Youth" —
A glass menagerie, the Spanish boot.
Roman orgies in the senior ranks when taps is sounded
(so rumored in the junior ones):
Port wine, scout leaders in skimpy impractical costume,
White, powder blue,
Scarlet on the pocket: a swatch of flesh, a flash of color.
The small kids play detective — what goes on in there all night?

Eight years old. My solace a hole in the fence,
A sea of blueberries and also a water
Sea of a perfectly tepid persuasion.
You can stare at it for a long time, an eternity even,
From Monday to Saturday.
Kilometers of military satin,
The seagulls' hysterical scramble.

Now it's Sunday. My turn to man the lookout.
Near the entrance gate —
Mounting activity,
Dzerzhinsky's reptilian profile.
(In a nod to tradition, we'll rhyme that with Mephisthophel-
es offering Faust revolution's dainty – the taste of blood.
Faust hikes his thinning eyebrows, intrigued.)

My turn to man the lookout.
From there you can watch the approach.
Parents hurry down it, peddling treats,

Поспешают родители, везущие банки-склянки.
Жирно сладко наваристо. Как у мамки.

Поспешают к другим
И тащат другим
Я торчу на вышке.
Игнорирую сердобольно предлагаемые излишки
Калорийных даров. На попробуй — жуя, предлагает Таня.
Не могу — раздувается атомный гриб в гортани.

Где она?
Рыжеволосая, лёгкая, сшитая из закатной пыли
(может ли быть, что меня забыли?)

Нет — идёт
Походкой моря пыльцы усмешки,
Походкой пешки,
Знающей, как пробиться в дамки.
Сладко. Нежно. Тепло. Как у мамки.
Я обнюхиваю её, сухую, словно сучок горящий.
(такая — может быть настоящей?)

Такая придумана мной в горести на дежурстве.
Гладит задумчиво мой гладкошёрстный,
Медсестрою бритый затылок (в «Юном Дзержинце»
                  ретивы вошки).
Такая только приснилась мне на проклятой вышке.

Вечное расстояние с высоты ожиданья
Сильнее чем обретенье, страстное бормотанье,
Сильнее, чем прелесть встречи, чем горсть привычки.
Вот она уж обратно направляется к электричке.
И рыданием острым, только к утру—усталым
Содрогаюсь под тоненьким одеялом.

Toting cans and jars.
Greasy sugary buttery. Like mama's.

They run to the other kids
Dragging their loads.
I stick to the lookout.
Heartsick I ignore offers of leftover
Caloric gifts. "Hey try it" says Tanya, chewing.
I can't — a nuclear mushroom balloons in my throat.

Where is she?
Redhaired, lightweight, woven from sunset dust
(can it be I'm forgotten?)

But no — she comes
Walking like the sea, like pollen, like a grin,
Like a pawn who knows
How to cross the board to be crowned.
Sweet. Tender. Warm. Like mama.
I sniff her, she's dry as a burnt twig.
(can a mama like this be real?)

The kind I invented despairing on the watch.
She gravely strokes my fur-smooth head, shaved
By a nurse (in "Dzerzhinsky Youth" the lice are zealous).
I dreamed of a mama like this on the hated lookout.

The boundless height of expectation always
Surpasses possession, passionate murmur,
Surpasses the charm of arrival, the ration of familiarity.
Soon she heads back to the train stop.
And not until dawn do jagged tired sobs
Shake me under the meager blanket.

Переводчик I

Блуждающие в снежной пудре
Мы — сиамские 6-
Близнецы, сплетённые чистой слюной языка,
Мои вокругсловесные зарева проступают в тебе на тебе
С неловкой определённостью —
Татуировка,
Ещё не просохшая, с кровкою след иглы,
По тебе проступает след моего письма.
Глаз ночной так
Вылавливает из мглы —
Ага, это кресло, кошка, занавески тесьма
Колышется — это, верно, призрак
Не хочет будить-мешать,
Но иногда дыханием, переменой накала в лампочке себя выдаёт.
То, что мы оба видим его — это верный признак
Единого способа дышать/не дышать дышать/не дышать
Удалять наросты безмолвия, как с дряхлой лесенки-лёд.

The Translator I

We flounder through powdery snow
Siamese t-t-
Twins joined by the tongue's sweet saliva,
My round-the-word dawns break inside you over you
With awkward precision —
A tattoo job,
Wet still, trace of blood from the needle,
The trace of my writing stains you.
This is how the night eye
Makes things out in the dark —
Ah, that's an armchair, a cat, the cords of a curtain
Swaying — that must be a ghost
Not wanting to wake-disturb,
Though sometimes his breath, or a lightbulb's quick falter, gives
        him away.
That we both see this ghost is a sure sign
There's a shared way to breathe/not breathe breathe/not breathe
To clear the mounting silence — like the ice on these sagging steps.

Перемещение

Как обычно перед перемещением его охватывала массивная
        печаль спокойствия
Печаль наблюдательности
Потрескавшиеся здания покрытые потрескавшимся graffiti
Выпирали из влажного полудня
Попутчики в поезде
С особой доверчивостью подвергались его излюбленной
        процедуре:
Он медленно раздевал и одевал их в шелушащиеся слои
        времени
То выявляя в жирном косом старике с бессчётным
        напластованием подбородков
Подловатого беззащитного нежного херувима,
То напротив ускоряя узконогую узкогрудую сосредоточенную
        развратницу
До сгустка аккуратненькой сиреневой кисленькой старушки
(которой ей стать не дано — рак кожи, нежное пятнышко
        на подбородке)

А чего было ему волноваться — перемещение стало
        регулярным обрядом
Его хитро настроенной жизни
Пару раз в год слетали чешуйки
И он возвращался к своему природному существу,
Которое всё
Сводилось к связи с этим городом

Он не полагал себя воришкой Орфеем или лгунишкой
        Одиссеем,
Забравшимися в ад по нужде.

Relocation

At the start of every relocation, he was seized by a massive sadness
        of calm
A sadness of perceptiveness
Crumbled buildings covered with crumbling graffiti
Fellow passengers on the train
Jutted out of the humid midday
With exceptional trust they submitted to his most cherished
        procedure:
He slowly undressed and then dressed them in peeling layers
        of time
First unveiling in the fat squinting old man with countless strata
        of chin
A mischievous defenseless tender cherub
Then fast-forwarding the slim-legged flat-chested preoccupied
        nympho
To a quintessential neat bluish sour grandma
(who she was not destined to become — skin cancer, that sweet
        little mole on her chin)

And why should he be concerned — relocation was by now
        a familiar ritual
Of his cleverly arranged life
Twice a year he threw off his skin
And returned to his native self
Which completely came down
To his tie to this city

He didn't imagine himself a filching Orpheus or fibbing Odysseus,
Who followed the call of nature into hell.

Напротив — ад был его домом.

Им отвергнутым и его отвергшим

С той соблазнительной брезгливостью,

Что была здесь разлита

В каждой линии, в каждой надменной зловонной речке;

Время, проведённое городом без него,

Надёжно заслоняло от наивного возвращенца

Детское растущее меняющееся мерцающее мягкое другое
            тельце города.

Гримасы словечки ругательства запахи

Никак более от него не зависели, зависели от кого-то
            другого, не зависели ни от кого.

День за днём он предаётся делам

С противоестественным упорством навязывая городу
            прошлое,

Как будто при этой противоестественной операции

Прошлое может оп-ля! Превратиться в настоящее,

Имеющее отношение и к нему.

И так однажды в блеклое время суток, стекающее
            по блеклым обоям,

Он выходит из спальни своей случайной

излишне многословной и многогубой знакомой,

Оставляя её в предчувствии долгого и неопрятного узнаванья,

Он выходит на улицу

Тоже кстати в предчувствии

Прощения сближения

Смуглых дрожащих пальцев на изящном затылке

Мой сын ты прощен

Все черное красное золотое

On the contrary — hell was his hometown.
Rejecting him like he had rejected it
With that seductive disgust
Which floods the city's
Every radial line, every arrogant festering canal;
The years it had spent without him
Securely concealed from the naïve returnee
The city's childlike growing changing gleaming soft new little body.
Sour faces dropped comments fits of cursing odors
No longer related to him, they related to someone else, related
        to no one.

For several days he pursues his business
With unnatural stubbornness thrusting the past on the city
As though this unnatural operation
Could presto! turn the past into a present
That had something to do with him.
And once, in the season when faded nights trickle down faded
        wallpaper,
He leaves the bedroom of his incidental
Girlfriend of too plentiful words and lips
Sensing the approach of a long and messy reckoning
He walks out onto the street
Also by the way sensing the approach
Of forgiveness
Of dark-skinned trembling fingers laid on his elegant head
My son you are forgiven
Everything black red gold

Он стоит сладострастно ухмыляясь
Когда
Из красных сумерек проспекта (да, как в страшилке!)
Появляется красная машина
Не успевает притормозить
Он падает легко и отвесно
Что-то там себе
Повторяя
Повторяя
Повторяя
Повторяя
Повторяя

He stands there smirking
When
Out of the avenue's red shadows (a ghost story!)
A red car appears
Can't brake in time
He falls easily and heavily
Saying something to himself
Repeating
Repeating
Repeating
Repeating
Repeating

Писатели между собой (водевиль)

Жуковский называл Батюшкова попенькой
Батюшков называл Жуковского жуком

Проявляется образ: лохматый плохонькой
Попугайчик наклоняется над насеком-ым,
Ком в горле переживая при проглатывании его слов.

Слова жука — округлые, заводные,
Слова попеньки — неверные, водяные,
Тузя, поглощают друг друга,
Разрастаясь как холмики мёртвых тел,
Из-под которых Батюшкова извлекли
После сражения при Гейдельберге
(сам он оттудова, вероятно, вылезать не хотел)

Слова слипаются как глаза
Как мёдом намазанные или кровью или дерьмом
Покуда их производители-носители
Любуются-любятся наполненные-пленённые
Разнородностью словородных механизмов друг друга.

Слова наполняются словами
Как водой, как радостью, как зерном,
Покуда не надуваются как мошны: важно, туго.

И тогда наступает предел насыщения
В воздухе проносятся молекулы отвращения

Between Poets (A Vaudeville)

Zhukovsky liked to call Batiushkov "budgie"
Batiushkov called Zhukovsky "beetle"

An image arises: a small shaggy
Homely parrot hangs over a bug,
Working his crop as he gulps down the words of his friend.

The beetle's words — beads rolling off a conveyor —
The budgie's words — shivery, watery —
Grapple and swallow each other,
Pile up like the mound of dead bodies
From which they pulled Batiushkov
After the battle at Heidelberg
(he himself, we assume, chose not to crawl out)

Their words gum up like eyelids
Like they were smeared with honey or blood or feces
While their producer-hosts
Revere-love each other contented-enchanted
By the contrasting natures of their word-generating mechanisms.

Their words fatten on words
Like they were filling with water, or joy, or seed,
Until they couldn't be more stuffed: stout, taut.

Then appetite's limit is reached
Molecules of disgust move through the air

Что ещё вчера умиляло-тиранило
Как родинка на желанной шее
Сегодня подкатывает к горлу рвотой.
Что было лаской, было работой,
Становится телом врага, разлагающимся в траншее.

Пишет жук попеньке: нагляделся я на тебя:
На нервное узкое личико,
На метафоры в панике мечущиеся по строке.
Более мне у тебя перенять нечего.
Покидаю тебя — остаюсь твой. В горсти
У попеньки — пепел письма.
Его письмо упрощается, укрощается,
Вращается, как снег, как холодный песок.
Жуковский прощается, Вяземский прощается, Пушкин
          прощается.
Попенька по комнатке — прыг-скок.

What yesterday endeared-tyrannized
Like a mole on a coveted neck
Today makes your gorge rise.
What was a caress, work's progress,
Becomes your enemy's body decomposing in a trench.

The beetle writes to the budgie: I can't stand the sight of you.
Your anxious squeezed little face,
Your metaphors bolting across the line in a panic.
You have nothing more to offer me.
I take my leave — I remain yours truly. The budgie
Clutches the letter's ashes.
His own letter grows ever simpler, shorter
And swirls like snow, like cold sand.
Zhukovsky says goodbye, Viazemsky says goodbye, Pushkin
      says goodbye.
The budgie circles his room — hop-skip.

Справочник ленинградских писателей-фронтовиков 1941–45

От этих записей со мной происходит самоотравление. О.М.

1. Л. П. — Присутствие

Наша Маша
С ума сошла
Суровый Хармс вино пригубил
10 января: пороша, параша
Украли карточки!
Украли карточки!
Думаю — сам обронил
Сам себя пригубил,
Если бы не Маршак . . .
Лежишь на полу — рядом сладкой кишки крошка
Лежишь на полу — рядом сладкая «Крошка Доррит»
Все помыкаются, попресмыкаются, конец будет делу венец.
Желудок жалобно подчиняется Диккенсу:
Ворчит, мурлыкает, блазнит, вздорит,
Живёт магической, инфернальной жизнью,
Как в горе — мерцающий кладенец,
Как в горе — в самом нутре
Рождаются 2–3 слова,
Но не просьбы, не жалобы, не угрозы,
Вылазят, выползают неудержимо — словно ночь из
       сердцевины дня:

Ты создал меня такого
Ты создал меня сякого
Только Тебе доверяю
Смотреть меня держать меня свежевать меня

Leningrad Directory of Writers at the Front 1941–45

Reading these memoirs feels like taking poison. O. M.

1. L. P. — Visitation

Our little Masha
Masha lost it
Stern Kharms sipped his wine
Jan. 10: snow fell, down the well
The ration card's gone!
The ration card's gone!
I'm to blame, I dropped it,
I'd be doomed if not
For Marshak . . .
You lie on the floor — there's a sweet little gizzard
You lie on the floor — there's a sweet *Little Dorritt*
Everyone does it, they give in, the deed is crowned.
Your whimpering stomach succumbs to Dickens:
Purrs, grunts, cajoles, quarrels,
Lives a magical infernal life,
And rising like Excaliber from the lake,
2–3 words are birthed
From the belly of grief,
Not pleas, not threats, not laments
They clamber up implacably — like night from day's guts:

You created me such
Yea even another such
You only I trust
Look me seize me flay me

2. О.Б. — Голос

Ангел но не голубой алый алый
Комсомолка Лили Марлен
С пуритански закушенной нижней губой
С небывалой
Плотской ясностью скул:
Во всём тебе удача!
Только разве вот незадача
НКВДшник выбивает из под тебя стул
(жирная лужа)
НКВДшник выбивает
Из тебя дитя,
Но и от этого тремоло энтузиазма
Практически не убывает

15 января жирный ледяной туман, стужа.
Ты оставляешь в больнице
Юного нежеланного мужа
Умирать
И запыхаясь пыхтя
Тащишься на улицу Ракова
Мимо янтарных трупов и бирюзовых трупов
(«ах, какой художник всё это рисовал!»)

Твой новейший милёночек
Допрошает: где ты была?
Что бы об этом сказал барков?
Что бы на это ответил зубов?
Ну что ты такая?
Ну что это на тебе?
(какой бессмысленный *ma chère* искусительный карнавал)

2. O. B. — Voice

An angel but not a blue one scarlet scarlet
A Komsomol Lily Marlene
Puritanically nipping her lower lip
Her cheekbones
Impossibly luminous:
Fortune's favorite!
Though there was that one misfortune
The NKVD agent kicked the chair out from under you
(a greasy puddle)
The NKVD agent kicked
The child out of you,
But even this did not noticeably diminish
The tremolo of your enthusiasm

Jan. 15 an oily icy fog, a freeze.
You bid farewell in the hospital
To your young unwanted husband
Who is dying
And hustling breathless you rush
To the broadcasting studio on Rakov
Past amber corpses and turquoise corpses
("ah, what artist rendered all this!")

Your latest heartthrob
Interrogates: you were where?
What would Sade have said?
What would Prince Potyomkin think?
What sort of person are you?
And what's that you've got on?
(such a meaningless *ma chère* seduction extravaganza)

Выпуская ледяное яркое жало,
Ты лобызаешь его, ты погружаешься в микрофон,
Остраняя сомненья
(не слишком ли быстро *сюда* бежала
покуда *там* от/доходил он?).

Нормально, не слишком быстро.
Твой высоконький голос
Проникает туда, куда другое ничто.

Сёстры-братья мои!
Дочки-матери!
Я восхищаюсь вами насыщаюсь вами: утешаюсь вами
падая, падая, беспокоясь.

Что это на тебе?
Пальто Молчанова.

А что у нас под пальто?

Extruding a stinger of pure ice
You caress him, cozy up to the mike,
Dismissing all doubts
(did I race *here* too fast
when *there* he's departing/arriving for good?).

No it's fine, not too fast.
Your falsetto voice
Then joins another void.

My sisters, my brothers!
Dolls, mothers!
You thrill me, fulfill me: you uplift me
When I sink, sink in dismay.

What's that you've got on?
Molchanov's overcoat.

And what have we got underneath?

3. В.В. и О.М. — Слух

Мордастый щекастый румяный царевич
Входит к слепой.
Молви она ему говорит,
Кто ты такой,
А ещё лучше пропой.

И он зачинает песню о жизни,
О Кремле, о морячках балтийских соболебровых,
О земле пропитанной, подслащённой вшами.

Слепая вздыхает блаженно,
Как конь, благодарно прядает ушами,
Предрекает: от тебя будет толк,
Ибо ты нам напишешь блокадную оперетту.
Он говорит: извините, ослышался.

Она говорит: именно-именно, мася моя,
С танцами-плясками, с шутками-прибаутками,
С героем-любовником в синем трико, обтягивающем чудеса,
С травести в пионерском галстуке, от экстаза дрожащем,
Там всё будет как настоящее,как в настоящем,
Но только в жанровой обработке.

Он говорит: чудеса!
Я готов слушать/слушаться тебя, слепая.
Расскажи мне,
Что ты слышала этой зимой.

3. V. V. and O.M. — Hearing

The heavy-jowled fat-cheeked red-faced prince
Pays a call to the blind lady.
Speak, says she,
What sort of man are you,
Better still, make it a song.

He cranks up a song about life,
About the Kremlin, about the black-browed Baltic sailor boys,
About earth soaked, sweetened with lice.

The blind lady sighs beatifically,
Like a grateful horse twitches its ears,
She foretells: great things will come of you,
For thou shalt write the operetta of the blockade.
Excuse me, says he, did I hear you right?

She says yes, yes you did, my darling,
With dances and prances, tricks and acrobatics,
Leading man in blue tights that tug across his marvels,
A travesty in a Pioneer necktie shaking in ecstasy,
It will all be like it is now, like reality,
But reworked in accordance with the genre.

Says he, marvelous!
I stand ready to hear/adhere, blind lady.
Tell me, then,
Your impressions this winter.

Слышала шорохи, шорохи запахи, засыпая
В смерть, слышала деликатное несъедобное прикосновение
        крыс,
Слышала краски острую сдобную вонь — голубая
Пахнет как Михаил Васильевич, синяя пахнет как Елена
        Генриховна,
Тень Гуро, насмешницы с овечьим лицом приходила сюда,
Я слышала её торжествующий топоток.

Город звенел скрежетал шептал щекотал (Каток
на Елагином в детстве)
К шкафу прикручивлись коньки, в шкафу лежала моя
Безумица Мулюшка:
Я катала-катала её по Большому проспекту,
Там и оставила.
Из радиоточки как мёд как шёлк
Как рыбий жир на нас текли
Арии «Сильвы»,
Помнишь ли ты
Помню ли я
Помнишь ли ты
Помню ли я
Пусть это был только сон!
Но какой!
Ля-ля-ля.

I heard skitters, skitter smells and, dozing
Toward death, I felt the inedible delicate touch of rats,
I smelled the sharp rich stink of colors — light blue
Smells like Mikhail Vasilevich, dark blue like Elena Genrikhovna,
Guro's ghost, a jokester with a face like a sheep's, came here often,
I heard her elated stamping.

The city boomed gnashed whispered tickled (the ice rink
At Elagin when I was little)
Skates twisted on the closet door, in the closet lay my
Crazy Muliushka:
I pushed, she sailed down Bolshoi Prospect,
And there I left her.
The loudspeaker spilled over us
Like honey like silk like fish oil
Arias from "Silva"
Do you remember
Do I remember
Do you remember
Do I remember
Yes it was just a dream!
But what a dream!
Tra-la-la.

4. В.В. и Н.К. — Памятник

Мордастый бровастый румяный царевич
Входит к скупой.
На кой
Ты здесь лежишь?
Почему не бежишь?

За тобой присылали твои сыновья
Крутогруда обильна Большая Земля
Из сосков её пить Ленинградцы должны
И забыть-позабыть нехорошие сны

А куда мне бежать
Здесь все вещи мои
А куда мне бежать
Здесь все книги мои
Здесь все платья мои
Здесь все реки мои
Здесь все дети мои
Здесь две крысы мои:

Поль и Франц, притаились, на полке сидят,
На собрание Чехова томно глядят,
Переписка суха, фельетоны, горьки,
Побрезгливей Суворина эти зверьки.

Никому никому
Не отдам не возьму
Ни вечернюю тьму, ни рассветную тьму,
Ни безумцев блокадных гы-гы и му-му,
Ни прозрачную — *bruit de silence* — тишину
Перед взрывом, а после — в пыли и дыму

4. V.V. and N.K. — Monument

The heavy-jowled thick-browed red-cheeked prince
Pays a call to the miserly beauty.
Why the hell
Do you stay?
Why don't you get away?

Your sons send messages please come to us
Great Russia is full-breasted plenteous
Leningrad's people should suck at her teats
And wipe away all the bad dreams.

Leave and go where
My things are all here
Leave and go where
My books are all here
My dresses all here
My rivers all here
My children all here
My two rats are here:

Paul and Franz lie in wait in the bookshelves,
Cast loving looks at editions of Chekhov,
Feuilletons are too bitter, letters too boring,
These creatures are harder to please than Suvorin.

I won't not for anyone
Grab or give up
The darkness at dawn or the darkness at dusk,
The gew-gew and meow-meow of Leningrad's lost,
The crystalline quiet — *bruit de silence* —
Just before the explosion, and after — the shell of the vanished house

Остов бывшего дома на бывшем углу,
Где читала тебя и тебе на полу.

Помнишь ли ты
Как улыбалось нам счастье
Помнишь ли ты
Помню ли я

Так оно и сейчас улыбается мне
И цинготные дёсны ему не закрыть
Поль и Франц копошатся тревожно во сне
Надо встать потеплее малюток укрыть

Как привольно в паучьем местечке моём!
Неразумный царевич, мы кротко живём,
И ни крохи былого не тратится здесь
Время вяло торжественно катится здесь
То вперёд то назад то вперёд то назад
Словно мяч по дорожке и листья чадят
То в Таврический Сад то в Михайловский Сад
И дистрофики гадят — и дети галдят.

On the street corner vanished in smoke and dust,
Where I sat on the floor and read you and read to you once.

Do you remember
How happiness smiled on us
Do you remember
Do I remember

That's just how it smiles on me today
Its scurvy gums fully displayed
Paul and Franz toss and turn in their sleep
Let me tuck them in warm and sweet

How carefree we are in my cobwebbed den!
No, foolish prince, we are living in clover,
Here not a crumb of the past is passed over
Here time rolls languidly grandly on
Backward and forward and forward and back
Like a ball down a street and leaves turn black
To Mikhailovsky Garden, to Tauride Garden again,
And the dystrophics shit — and the children shriek.

5. В.И. — Возвышенность

Я хочу есть как хочу творить
Я хочу творить как хочу есть

Честно говоря, я не так уж хочу есть,
Не так, как *они*,
Приползающие к больнице, которой заведует мой муж,
Нервный неразговорчивый человек.
Я прохожу по двору больницы имени Эрисмана.

В своей приличной лисьей шубке,
С приличным перманентом цвета февральского пожара
На голове, украшенной глазками-бусинками,
Красными от сострадания.

Я переступаю через *них* деликатно, не тревожа, не глядя.
Я прохожу через двор, у воротец
Переминается, жмётся поэтесса Н.К.,
Принесшая мне свой жемчуг.
Редкий красный

Ах что вы что вы сказала я
Взяла жемчуг
Нить истлела
Он посыпался
Отсыпала сахару
Он посыпался
Драгоценные! Драгоценные! кристаллы.

5. V. I. — Sublimity

I want to eat same as I want to create
I want to create same as I want to eat,

Though frankly I don't so much want to eat,
Not like *they* do, the ones
Who crawl to the hospital my husband directs,
An anxious taciturn man.
I walk through the plaza of Erisman Hospital.

In my quality fox-fur coat,
With a quality perm the color of bonfires in February
Crowning my head, fitted with glass-bead eyes that are
Pink with compassion.

Politely I step over *them*, not disturbing, not staring.
I walk through the plaza, at the gate
Skulks fidgets the poetess N. K.
She's brought me her pearls.
Red pearls, rarities

My, I say, look at these,
I lift the pearls
The string was rotted
They pour all over
I pour out a ration of sugar
It pours all over
Precious! Irreplaceable! crystals.

. . .

Когда я пишу я взлетаю
Как джин
Кольца́ Маймун
Когда я пишу я взлетаю
Как джин
Лампы Дахнаш
Что́ угодно, господин?

Мне угодно сверху плыть
Между солнца между льдин
Где запретное свободно
Где вольготно превосходно
Где могущество и прыть
Где могущество и пыль
Разрушения и боя
Белизна и голубое с жолтым небо
И ковыль и корявый звук одесы
Жадный прикус поэтессы
Жалкий прикус поэтессы
Деревянная звезда
Я пишу и тают бесы
Бесстыдства и стыда:

Как хрупки льдинки эти
Однажды на рассвете
Тоску ночей гоня
От жажды умирая
В потоке горностая
Туда вошла она
Туда вошла Она
Туда вошла оня

. . .

When I write I soar
Like the genie
Of Maimun's ring
When I write I soar
Like the genie
Of Dakhnash's lamp
What's your wish, master?

My wish is to sail on high
'Twixt the sun and the ice fields
Where what's bound is released
Where it's marvelous and free
Where there's might and speed
Might and debris
Of destruction and war
White space and a blue yellow sky
Feather grass and the guttural sound of odessa
The poetess's lunging bite
The poetess's cringing bite
Star of wood
And I write
And the demons of shamelessness
And shame dissolve.

How brittle the ice fields
Once at dawn
Banishing night's sorrow
Thirsting unto death
Arrayed in flowing ermine
She entered there
SHE entered there
Sh entered there

Прогулка

Лягушка в панике тикает от змеи
По листьям льющейся суровым.
Забава для гуляющей семьи.
Запечатлеть ленивым словом —
Змеи холодный рост,

Лягушки наступающую скуку,
Заплывший мхами деревянный мост,
Гремящих листьев реку,
И запах (главное), и прелый, и сухой,
Сулящий прелесть и тревогу.

Оттенки жолтого. Последние дела.
Во всём прощанье-повторенье.
И остро в сердце так, — ты всё это уже, подруга, видела,
Да-с, память перевоплощает зренье:
Отец насупленный, рассеянная мать,
И девочка так ярко-остро
Ещё умеющая видеть-набюдать
За схваткой квакушки и монстра.

Немного жалости, немного торжества,
Сиротства, удивленья бяка.
Карминной глиной зыркает листва
Из притаившегося мрака.
Я помню-вижу всё, я всё это могу —
Её широкими глазами —
Лягушка-девочка, в смущеньи, на бегу,
Прицепившись к маме,

Family Outing

A panicked frog scrambles ahead of a snake
As it flows over resisting leaves.
Entertainment for a family on a stroll.
A quick and dirty sketch —
The snake's cold horizontal,

The frog's commencing torpor,
The plank bridge caked with flies,
A river of thundering leaves
And (this is key) a ripe and arid smell
Heralding pleasure and dismay.

Hints of yellow. Last arrangements.
A same-old, farewell feel to it all.
The heart flinches — you've seen this before, my friend,
Yes sir, and memory reanimates your vision:
A grim father, a distracted mother,
And a little girl so clear-sharp
Still able to catch-watch
The death match of the monster and the frog.

A little pity, a touch of thrill,
Bereavement, shock at the bogey.
The leaf pile sends flashes of carmine
From the covering gloom.
I recall-see it all, I can describe all this —
Through her staring eyes —
The frog-girl, shaken, racing
To clutch her mother,

Я пальцем тыкаю — Ну вот же за овражком!
Сейчас нарушится-свершится.
Отец чиркает раздражённо рычажком
«Зенита», упрощая лица.

I point — there, behind the ditch!
And now the collapse-completion.
The father irritably clicks his Zenith,
Trying to minimize their faces.

Переводчик II
Schwestersprache

Пока ты спала начался снегопад
Всё стало Содом и седым.
Для хищного зрения скудный обед
Глаза замутняющий дым
Молчащих людей и молчащих вещей,
Застигнутых снегом в пути,
Вощёной бумагой ты стала тереть
И палочкой острой скрести.

А вот — проступили по снегу бугры,
Упрямые формы, хребты,
Облизаны жидким азотом миры,
Родящие новое «ты».
Ну тыкайся, тыкайся в брешь в белизне,
Где новый вмещается цвет,
Как тычется прежделюбовник во сне
В защитное новое нет —
Но снег засыпает и сумерки жжёт
Дыханье и можно прочесть,
Как, крови подобна, по венам бежит
Неверная вольная весть.

The Translator II
Schwestersprache

While you slept the snowfall began
The world turned Sodom and monotone.
Slim pickings for prowling vision,
A smoke fogging the eyes of silent
People and silent things caught
Mid-course by the snow.
You started in wiping the wax layer,
Etching it with a pointed stick.

Then mounds rippled across the snow,
Stubborn forms, spines,
Worlds licked by liquid nitrogen
Spawning another "you".
So push into the gap in whiteness
Where a new color will go,
Like a forelover invades a dream
Past a new resisting "no" —
Snow sifts and shadows burn,
My breath grows legible,
And I feel your words, untrue and free,
Run through my veins like blood.

The Act of Darkness

Темнокрылые бляди на бостонском автовокзале
Как ладьи или лучше как пёстрые под парусами
Острогрудые яхточки в жирной воде Сен-Мало

Впрочем это сравненье как яркая тряпка мало
И трещит по бедру

Я блуждаю меж вас боевого желанья сосуды
Лжевместилища желчи
Руины отвесные груды городской пустоты
Утешения краткого трюмы
Абсолютно открыты закрыты прозрачны угрюмы

Я блуждаю меж вас словно в райском саду обезьянка
Как по плоти гниющей — весёлая яркая ранка
Я блуждаю как доллар, что выброшен щёлочкой банко-
Мата на землю для разных волшебных трансакций.

Я иду со свиданья средь влажных огромных акаций
И подобных им душенек — чёрных осенних и голых
Я иду улыбаясь куря ковыряясь в глаголах

Мой глагол для тебя — уходить
Чем милее нужнее
Тем пространство для нас растопырено круче нежнее
Мой глагол отнимать отрицать и лишь долею звука
Утверждать как черна как влажна как огромна разлука
Как забвенье развёрнуто выгнуто дивной спиною

The Act of Darkness

The dark-winged prostitutes at the bus station in Boston
Look like pleasure boats or better sharp-breasted bathing beauties
At full sail on the waters of Saint-Malo

But this analogy like cheap shorts is too tight
And chafes your thighs

I wander among these vessels of belligerent desire
Knock-off chalices of spleen
Ruins heaped gravel of vacant lots
Black galleys of quick relief
Absolutely exposed closed transparent grim

I wander like a monkey in the garden of paradise
Like a cheerful bright scratch across rotting flesh
Like a dollar spit out on the ground by an ATM
Slot for various wondrous transactions.

I'm back from a gathering of damp enormous acacias
And souls like them — black autumnal and naked
I walk smiling smoking sorting through verbs

My verb for you is "leave"
The more sweetly urgently
The more steeply tenderly space spreads out between us
My verb is "remove" "reject" and with just a trace of sound
"Affirm" how black how damp how immense our parting is
How forgetting is twisted bent like a marvelous spine

Я иду улыбаясь и ты невидимка со мною
То есть в позе собачьей Орфей-Эвридика а ну-тка
Обернуться не мочь
А иначе: минутка —
Взрыв за ним слепота и отсуствие милого тела.

Наказание неадекватно проступку.
Я только хотела
Видеть слышать на фоне закатного варева в раме
Как твой голос лежал словно дивная шлюха меж нами
Улыбаясь сверкая бодлеровской чёрной спиною
Как твой голос как взрыв или солнце стоял предо мною.

Понимаешь — да поздно.
Опять понимаешь — да рано.
Обладание нами навозная яркая яма,
Где кишат уплотнения памяти. Всё здесь неявно.
Понимаешь и куришь и думаешь: всё же забавно.

Привокзальная шлюшка кивает в лицо зажигалкой
Эта ночь эта сцена с её упрощённой и жалкой
Декорацией всё же моя как ничто остальное
Разве только сердечко твоё заводное стальное

I walk smiling and you're invisibly with me
Namely in the dog position of Orpheus-Eurydice meaning
I can't turn around
Or else: one second —
An explosion then blindness and a gap where the loved body was.

The punishment doesn't fit the misstep.
I only wanted
To watch to hear your voice lying between us like a gorgeous whore
Against the sunset's brew framed by the window
Smiling gleaming like a baudelairean ebony back
Your voice standing in front of me like an explosion or the sun.

You understand — but too late.
Again you understand — too soon.
Overpowering the glowing shithole
Where clots of memory swarm. Nothing about this is clear.
You understand and smoke and think: well, it's amusing.

A bus station prostitute tips her lighter to my face
This night this scene with its simplistic pathetic
Stage set belongs to me like nothing else
Except perhaps your wind-up steel heart

Помидоры и подсолнухи

Наконец, определились в ярком воздухе
Помидоры: помидоры и подсолнухи.
Вот сейчас сентябрь-дидактик вскрикнет «Розги!» и
Всё взорвётся едким соком на траву.
Но пока, как будто задержал дыхание
Б-г вещей, и колыханье, полыханье не
Прекращаются, и длится-длится раннее
Умирание — «о да, ещё живу».

Эта точечка невидная, касание
Между осенью и летом, слаще сладкого.
Знаешь — вот оно начнётся, угасание,
Станет всё тогда недвижно, одинаково.
Но пока напряжено вокруг и замерло
Обращение частиц — алó, оранжево,
Изумрудно, буро — перед тем как — замертво,
Дышит-дышит, успокоенное заживо.

Всё сполна — наросты, тени, линии,
Вкус и запах, но не вонь ещё — дыхание.
Травы чёрные, коричневые, синие,
Вéтра с неба — ускоренье, содрогание.
Но как только эта видимость исполнится,
И как только расстояние нарушится, —
Всё падёт. Ты знаешь, что запомнится?
Паутина — оскорбительное кружевце,
Помидор — незаживающая трещина,
Полминуты в предвкушеньи дыма, ужаса, —
Всё далось мне, а ведь не было обещано.

Tomatoes and Sunflowers

Finally, in the bright air the tomatos have
Reached their peak: the tomatos and sunflowers.
Soon they'll be caned by September-schoolteacher
And explode in tart juices across the grass.
But for now it's as though the God of Things
Held his breath, and the rocking, the flaring won't
Quit, and the beginning of dying drags
On and on — "it's too soon to bury me."

That invisible cusp where summertime
Touches autumn, sweeter than anything.
When you know it's started, the dimming down,
And the world will go motionless, monotone.
But for now it's tensed, and commingling
Elements — scarlet, orange, emerald,
Copper — go quiet, gasp on the verge of a
Dead faint at this final resting place.

Brimming — branches, shadows, lineaments,
Flavor and scent not quite stench, just exhaling.
Grasses black, brown, blue, then down from the
Sky, a gust — there's a rush, shuddering.
But as soon as the picture completes itself
And perspective shrinks to zero, everything
Collapses. You know what will stay with me?
The spiderweb — its dire embroidery,
The tomato — the crack that won't close again,
Half-minute foretaste of ashes, calamity —
I was given it all, none of it promised me.

Анна ГЛАЗОВА

Anna GLAZOVA

translated by Anna Khasin

ручьи бы сами стекли на мель
а соль из глубоких слоёв растворилась
только зачем бы в воздухе камню гореть
с громом падая хоть и в пресную воду?

если закон что всё равно
всё со всем смешано
ты бы не мог — под собственным весом — в него провалиться.

streams would drain to the shallows themselves
and salt from the low beds would dissolve
but what would a rock burn in the air for
falling thundering even into fresh water?

if it's the law that in any case
everything is mixed with everything
you couldn't fall in under your own weight.

сплелось из остатков струн — что-то
негодное но целое. сырые
доски, тонкий лак, вообще мастерство
достались кому-то, но звук в снегу не для слуха.

вихрится увиденное,
тяготит грубый напев,
как из скважины брызжет глубокое,
но оно блестит.

— без права голоса, рот,
замкни, запечатай неясность
того, что точно случается неподалёку.

woven from the remnants of strings — something
useless but whole. damp
boards, thin lacquer, skill generally
fell to someone, but a sound in the snow is not for hearing.

the seen swirls,
weighs on a rude chant,
the deep jets from a well
but it shimmers.

— having no voice, mouth,
lock, seal the vagueness
of that which certainly happens nearby.

тёмный и влажный оттиск
над дрожью над связью
рук у развилки.

тогдашние реки: здесь,
капля,
ты решилась
нырнуть на дно и там
высохнуть
с шелестом.

(нас-то и так не больше воды
несло
чем когда выдохнешь
и замёрзнет,
да, я в уме, что хочу из такой паутины
наплести и канат, и гамак,
и опустить, опуститься.)

тёмный
и влажный,
позади вас, развилкой ставшие
руки.

нас сюда вынесло русло,
вверх дном.

кто-то не видел
кто видел
кто слышал.

a dark and moist print
over the trembling over the link-
ing of hands at the fork in the path.

the rivers then: here,
a drop,
you resolved
to dive to the bottom and there
dry
with a rustle.

(there was no more water
carrying us
than when you exhale
and it freezes,
yes, I'm all there when out of such web
I want to weave a rope and a hammock
and drop, and fall.)

dark
and moist,
behind you, hands
that became a forked path.

the riverbed brought us here
capsized.

somebody didn't see
who saw
who heard.

красили лён
всем что видели и могли дотянуться,
бутонами, целиком,
но не могли:

попадались в волокнах тёмные крапины
и не росла завязь.
без одежды и жили.

но бывали согреты на теле —
пока не размешаны — краски.

* * *

красными болезнями согрели руки до мозолей.
дрожь по коже нарастает горками как в каменоломне
снег распадается в горячей воде.

быть из шерсти и впрясться пятном
не как камешек или узел.

много стирается,
хоть бы нитями утекло, отступает приток.

they dyed flax
in all they saw and could reach,
buds, its entirety,
but they could not:

there were dark spots here and there in the fiber
and the ovary wouldn't grow.
so they lived without clothes.

but the dyes could be warmed
(until mixed) on a body.

* * *

with red diseases they warmed their hands callous.
shivering in the skin makes heaps as in a quarry
snow disintegrates in hot water.

to be of wool and spin oneself in as a stain
not like a small stone or a knot.

much gets erased,
if it only ebbed in threads, a tributary retreats.

Законы

1.

украл вину у виновного, провинился,
чтобы на краденом месте вырос,
на пустом месте, вырос закон.

украл что-то,
бесхозное,
назвал: «вина»
или соврал, что украл;
тем и виноват, что невинен.

сделал, чтобы зачлось его имя,
чтобы из имени выросло дерево и из дерева дом —
чтобы для кражи был дом.

2.

из звука извлечь
целый закон, ключ к каждому звуку.

в голосе будет медь или дерево,
если назвать имя краснея за голос,
будто о близком под присягой солгал,
променял на стыдное дело.

лучше бы выпустить из памяти имя.

Laws

1.

one stole guilt from the guilty one and was guilty
in order to grow in the stolen place,
in an empty place, the law.

stole something
abandoned,
called it "guilt"
or lied about stealing,
guilty of innocence.

made his name qualify,
a tree grow from the name, a house from the tree,
made a home be there for the theft.

2.

from a sound to extract
an entire law, a key to every sound.

there will be brass or wood in the voice
if blushing about the voice you call a name,
as if lying about a loved one under oath,
bartered him for a shameful deed.

better to release the name from memory.

3.

обручились смертной кожей,
со светом остынет взгляд.

как в лодке лежит в теле топливо,
неподвижно,
внутренний жар.

по природному закону сгорает почти всё.
когда испарится вся кожа плёнка за плёнкой,
мы вдохнём в одно лёгкое,
только это будет не воздух уже.

4.

когда под луной зацветает подлунок
и растёт,
яркие звёзды его морочат,
ему их мгновенный склад —
распорядок вещей.

а когда в поворот
подброшен как дитя камень,
это приблудный сон,

первое правило: не запомни.

3.

tokens of mortal skin exchanged,
the looking will grow cold with the light.

fuel rests in the body as in a boat,
immobile,
an inner heat.

by the law of nature almost everything burns away.
when all skin evaporates film by film,
we will inhale with a single lung
that which is no longer air.

4.

when a sublune flowers under the moon
and grows,
bright stars play games with it,
to it their instant habit
is the order of things.

and when on the turning's doorstep
a stone is left like a child,
it is a stray dream,

the first rule is not to remember.

5.

молитва
сделай так
чтобы был человеку волк — волк
чтобы под кожей над сердцем
шли от стыда красные пятна когда на тебя смотрят.

5.

prayer
make a wolf
be wolf to a human
make red patches of shame appear
under the skin over the heart when you are looked at

1.

уткнулась ветвь, жимолость:
тебя и моим зрением
может быть не обнесло
будто привился тебе дикий признак,

если ты чувствуешь мой взгляд на себе,
то, смотри, может быть и другие глаза
сквозь мой взгляд на тебе держат.

2.

как тяжёлое пение из-под земли
духи испаряются с кожи,
запах лопатой разрубленной землеройки
букета и гниющих корней.

вхож ли мой ум скажи в сердце крота
во флакон под стекло
где разложение не истлевает
и как растворить голосом голос давно мёртвых
как из желёз выжимки
на коже той или тех, живущих и едва мне смотрящих в глаза?

1.

a branch nuzzles, a honeysuckle:
maybe my sight too
has not passed you by
as though you were inoculated with a wild mark,

if you feel my eyes on you
then look, maybe others too are keeping
their eyes on you through mine.

2.

as heavy singing from beneath the soil
perfumes evaporate from the skin,
the smell of a shrew hacked in half with a shovel
a bunch of flowers and root rot.

is my mind received tell me into the heart of a mole
under the glass of a flacon
where decay doesn't perish
and how can a voice dissolve the voice of those long dead
as the squeezings of glands
on her skin or theirs who live barely looking me in the eye?

у тебя забота стоит за спиной
бережёт — но дыбом на дороге камни.

головная стая ловится в сети;
или дом открывается;
или полотнище на ветру во дворе разошлось надвое.

может быть, и тогда исторгает мокрый стон из тумана,
когда дорогое зерно
в землю упало
от дара и в радость.

* * *

работа рук — работа колосьев.
через хлеб мы хотим тронуть смерть.
кто ест хлеб.

мы, пшеница, растём и не знаем.

тот, кто режет,
ломает на всех целый.

care stands still behind your back
keeps you safe — but rocks stand on end in your path.

the head shoal is caught in net;
or a house opened;
or cloth in the yard split in two in the wind.

maybe it wrests a wet groan from the fog also when
a dear grain has
fallen into the ground
from a gift and for joy.

* * *

the work of hands is work of ears of grain.
through bread we want to touch death.
who eats bread.

we, wheat, growing, don't know.

he who cuts
breaks the whole thing with all.

если гусеница проглотит
блуждающий камень
и замкнётся началом к концу,

камень будет ходить в ней
пока не настанет ей время переродиться,

и тогда он положит начало
их календарю

* * *

минута длится.
её хоронить
как косточки на будущий год
или корни твёрдые.

над ней сеять сухую труху не жалея
что им для тепла
тебе дорогая пыльца
с прошлой вспышки
когда тебя снова спалило солнцем
перед холодом.

if a caterpillar
swallows a wandering stone
and locks its beginning to its end,

the rock will keep going inside it
until it's time to transform,

then the rock will set off
their calendar.

* * *

the minute lasts.
burying it
like the stones of next year's fruit
or the roots are hard.

sowing dry dust over it without sparing
as for them to keep warm
for you dear pollen
from the last flash
when the sun burned you again
before the cold.

высшее солнце не двинется никогда
в себя приковано идущей тяжестью.

нам солнце ходит и тянет
за собой тяжесть:

и дерево облети
и ручей уйди в землю
ещё кто под камень
и я в кожу и шерсть и волокна растений
на себя к зиме их тело взвалив.

the superior sun will never move
chained into itself by the moving heft.

for us the sun moves and pulls
the heft behind:

tree, bare yourself,
stream, go underground,
someone else, under a rock,
and I into skin and wool and fibers of plants
packing their body on my back for the winter.

в толокно просыпались птицы
до недельного дня
который весь тестом устелен
рогаликами, коврижками,

что сверху на подоконник
слетело остатков,

и столько же солнцем разломлены.

* * *

стол развёрнут и кистью выметен чисто
перед каждым прибором стоит роза и плод завёрнутый
        во всё влажное
умирает вино, последний шип
и свет притупляется.

как фруктовые мушки зарождаются над открыто
        лежащим огрызком
в этом доме скоро зашевелятся хозяева.

birds woke into oatmeal
till the day of the week
that was carpeted with dough
rolls, cakes,

what was swept to the windowsill
of what remained,

and as many broken by the sun.

* * *

the table unfolded and brushed clean
a rose next to every plate and a fruit wrapped in moist things
wine is dying, the last thorn
and the light is dulled.

as fruit flies germinate over an apple core lying in the open
soon in this house owners will stir.

когда между рёбер
откроются поры
будь уверен что дышишь
испариной с кожи из-под кожи теплом.

а замкнутся, ты снова один,
то тем ты и легче дыханием.

* * *

ночная перегородка между тобой и тёмным умом
сломана запахом яблока или цветка
чтобы в твой слух вошла
частыми срезами лезвием
работа холода на окне —

медленный сон больное место;
ты должна выбрать между вязкостью и разрывом
но обычно решаешься —
будто надо решаться —
на какая погода ни есть.

when pores open
between ribs
you can be sure you are breathing
with the beads of sweat on the skin with the heat from
         under the skin.

when they close and you are alone you are
the lighter in your breath.

* * *

the nocturnal partition between you and dark mind
is broken by the smell of an apple or a flower
to let into your hearing
in fast cuts of a blade
the work of the cold on the window —

the slow sleep is a painful spot;
you must choose between stickiness and the break
but usually resolve —
as if one must resolve —
to whatever the weather is.

в нашем доме свет далеко не ходит.

в три утра тебе ближе всего показали на север
а ты спишь и тень шире круга луны
из облаков и видна бы —

да с одеялом вы мученики одним миром стянуты;
столько льда на севере что не видишь и дня.

* * *

будто целый день солнце не горело а тлело
не выше рассвета пока ночью не скрыло.
цветной почтой пришла
не телеграмма о смерти а оттуда излитые слёзы
что не успел в тебе лечь дитя
на простую простынку и не жди.

light does not go far in our home.

at 3 a.m. you were shown the north the nearest
and still you are asleep and the shadow is broader
than the moon's disk
through the clouds and would be visible

but you and the blanket, martyrs, are birds of a weather;
so much ice in the north you cannot even see day.

* * *

it's like the sun didn't burn but smoldered
all day no higher than the dawn until the night hide.
something came in the color mail —
not a telegram about death but tears poured from it
that a child had no time to lie down in you
on a simple sheet and don't wait.

ангел не плачет даже когда поёт или слышит —
и представь себе мысль его.
ты, знаешь, алых цветов насмотреться до слёз можешь —
но не ангел. и ты потому
не повернись лицом к нему,
пусть идёт как идёт он.

на волосок от тебя начинается срез,
и нет его тоньше.
ты чувствуешь две больных половины
и стонешь. а срез не может стонать.
ты можешь спросить — и ты спрошен.

на волосок тебе страшно.
и пота сошло два стакана.
и крови стакан.
те же срастишь за собой половины, когда
не успел сказать лишнего: а здесь это так.

an angel doesn't cry even when he sings or hears —
and think ye of his thought.
you know, you can look at poppy colors till you cry —
still no angel. so
don't turn to face him,
leave him go.

a hair's breadth from you a cutoff begins
and nothing is keener.
you feel two sick halves
and moan. but the cutoff can't.
you can ask: and are asked.

you're a hair's breadth afraid.
and you've sweated two glasses.
and a glass of blood.
you will grow the same halves together behind you, when
you haven't had time to say the needless: and here it is so.

1.

für S. V.

столетний дуб легче обнять
чем тысячу тысячелистников.
острее осоки
края здесь открывшихся глаз.

кто ходит ночью в кусты шиповника,
без одежды и пьян? безнадёжен и наг.
белой кожей внутри темноты
открывается рана.

2.

повернуть немоту
когда в сторону
слетают с дерева птицы
и для них много цветов встали в аллее.

липы.
между ними не многое слышно;
но, скажи,
видишь остаток дня — и туман — и мокрой травы.

1.

für S. V.

a century-old oak is easier to embrace
than a thousand milfoils.
sharper than sedge
the edges of the eyes opened here.

who goes at night into a dogrose bush,
clothesless and drunk? hopeless and nude.
as white skin inside the darkness
the wound opens.

2.

to turn the muteness
when birds fly off
a tree and across
and many flowers have risen for their sake along the path.

lime trees.
not much can be heard among them;
but, say,
do you see the remainder of the day — and the fog — of wet grass.

3.

если деревья пишут,
то белым цветам,
что ходили по саду.

если птицы,
о том, чего спеть нельзя.

комья не говорят,
по цветочным горшкам
зарыли молчание.

4.

если сплавлять корабли нельзя,
пускай можно рукава парусами.

пролетают обратные облака
ищут столовое серебро
по домам и старым и новым
и в покрытой фарфором посуде
на ужас плавят
чтобы лететь.

3.

when trees write
it's to the white flowers
that walked the garden.

when birds do
it's of what can't be sung.

lumps do not speak,
in flowerpots
they have buried silence.

4.

if you can't drift ships together
sleeves, maybe, you can, with sails.

reverse clouds fly past
looking for silverware
in homes old and new
and in porcelain-coated vessels
melt them into terror
for flight.

5.

ландышем пахнет сегодня кровь
и как кровь ландыша ягоды
их свернётся сок когда капнешь в глаза
и от радужки отделится.

напоила кислой водой —
и уже не убойся другого яда.

5.

blood smells of the lily-of-the-valley
today and like the blood of the lily-of-the valley
berry juice will clot in your eye
and separate from the iris.

you have let him drink sour water —
fear no other poison.

молния не уходит
когда уже раз побывала в дупле.
в нём осыпается полое место
и лишайник растёт без воды уже,
насухо, в чёрных стенах.

там поселяются те, кого точно не видно.

и совершаются тайны:
рождение света из ничего
и рождение из мороза.
смерть глубокого тела в котором лежит меховая луна.

* * *

листья как у взрослого руки
и после лета как тело тёмные
ты о них обопрись
когда они — с проступившими жилами
как рука вверх ладонью и пальцами вниз —
тебя просят

lightning never leaves
when it's been in the tree hole.
a hollow place sloughs in it
and a lichen grows with no more water,
a dry copy, in black walls.

those settle there who are unseen for certain.

and mysteries take place:
the birth of light from nothing
and the birth from the freezing cold.
the death of a deep body in which a furred moon lies.

* * *

leaves like a grown-up's hands
and dark after summer like a body
lean on them
when they — with protruding veins
like a hand palm up, fingers down —
ask you

предположим, зелёное дно и тусклая пыль:

там внутри и как у тебя красная жизнь
камень копит в руде солнце
и разве не кровь его крапины.

пятна света на самом вечернем холме.
с него скатывается ручей как дети зимой но не зима.
только бродят в нём звуки
и дыхание не как у зверей или леса.

русло в руки.
вдыхает морозное дерево иней, он шипами покрыл
          упавший лист.

suppose a green bottom and dull dust:

inside and as in you a red life
a rock stashes the sun in ore
and is not blood its mottling.

spots of light on the most evening hill.
a stream slides down the side like children in winter but it's
        not winter.
only sounds wandering
and breath not like animals' or the forest's.

take up the stream bed.
frost inhales frozen wood, has spiked a fallen leaf.

мало ли мыслей приходит о скором отъезде.
в воротник спрятал горло, кто-то стоит на заднем дворе
или сорной дорогой идёт на сквозной двор.

если уж проще мне, чем до дома дойти,
дожидаться ответа.
и куда-то всё время теряется чувство опоры.

это я вспоминаю как тяжело иногда перед ветром идти.

it takes all kinds of thoughts to come of departure.
hid the throat in the collar, somebody standing in the backyard
or taking a feral way to the through yard.

given that to wait for an answer
is simpler for me than to arrive home.
and the sense of a foothold keeps getting lost.

this is me remembering how hard it is sometimes to walk
        before the wind.

в целые петли вдень пальцы
если завален проём если в окне нет новой
нет старой луны.

за плотно сдвинутыми скобами
щель что либо читают под лампой;
либо разлили полный стакан;
не успел и попить а уже и услали
за камнями за плечи.

боль в глазах от того как привык к темноте
что чужой против света
на твою тень набросив свою за спиной весит
больше чем дом.

если петли сцепились как цепь,
то ты сдвинешь
на ползвука
и лист и стекло.
на половину звука, это целая ночь.

thread your fingers through whole hinges
if the opening is blocked if there is no new
no old moon in the window.

behind tight brackets
is the crack that one could either be reading by a table lamp
or have spilled a full glass;
had no time to drink and was sent for stones to wear
behind his back.

eyes hurt from his being so used to the dark
being that a stranger against the light
who has thrown his shadow over yours behind the back
weighs more than the house.

if the hinges lock like a chain
you will have moved
the sheet and the glass
by a half-sound.
half a sound, that's a whole night.

Мария СТЕПАНОВА

Maria STEPANOVA

translated by Sibelan Forrester

Несколько Положений
(стихи на подкладке)

1.

Я пишу эти строки, лежа.
В теплом пледе. На темном ложе.
Неглиже и с кремом на роже.

Я пишу эти строки, глядя
Не наружу, во двор тетради,
Ни – вовнутрь, где при всем параде,

Принаряженные, живые,
На пустынные мостовые
Шли дивизии мозговые,
Но — сюда, в родно переносье,
Где проходит незримой осью,
Вдох за выдох, одно-голосье.

Вы ж, от темечка и до пятки,
Позвонки, перепонки, прядки,
Все места, где хвостом вертела,
Все углы, где играла в прятки,
Добиваясь, чего хотела,
Тетка молодость с телкой тела,

Побывайте-ка одиноки:
Нос в подушку, в подвеки оки,
Ноги в стороны, руки в боки.
В небном гроте, как стадо, зубы.
Белый лоб. И срамные губы.
Постромки. Полустанки. Трубы.

Я, свернувшееся в кулак.
Тела спяща ночной ГУЛАГ.

Several Positions
(verses on the lining)

1.

> *I write these lines down*, lying down.
> In a warm plaid blanket. On a dim couch.
> Négligée, with cold-cream on my mug.

> I write these lines down, regarding
> Not outward, at the yard of the notebook,
> Nor inward, where with all due pomp,

> Dressed in their finest, lively,
> The divisions of the brain
> Were hitting the deserted pavements,
> But — hither, into the family nosebridge,
> Where mono-phony runs through as an axis,
> Inbreath by outbreath, intangible.

While you, from your head to your heel,
Vertebrae, membranes, locks of hair,
All the spots where you wagged your tail,
All the corners where you played hide-and-seek,
Managing to get what you wanted,
Auntie youth with the baby body,

So spend some time being lonely:
Nose to the pillow, eyes in the underlids,
Legs to each side, hands on your hips.
In the palate's grotto, teeth like a flock.
White forehead. And nether lips.
Reins. Way stations. Trumpets.

The *I* in a fist, wrapped up tight.
Sleeping bodies are a Gulag by night.

2.

Я повествую о любом сиротстве,
Злопамятстве, беспамятстве, юродстве.

О сладости и слабости, тщете
И жаре, о невечной мерзлоте.

Но что, когда Роландов рог услышан,
И по долинам эхо, и по крышам

Ответное и родственное ох,
Какому и отдать последний вздох?

. . . Пока мы спим, как брат и брат, по кругу,
Как саркофаг, где спят рука о руку,

Спят под холмом в коровах и кустах,
С этрусской спят улыбкою в устах —

Любовь мала и кажется болонкой,
И тоже спит, протянута полоской

Едва длинней, чем туфля с каблучком,
В полночный час лежащая ничком.

Когда ж проснемся и проступит явность
И встанем составлять двуликий янус

На экспериментальный полигон,
И впереди— последний перегон, —

Любовь распространяется, как пьяцца,
Война и голод.
И радио при арии паяца
Прибавит голос.

2.

I tell the tale of any *orphanhood,*
Evil memory, lost memory, holy foolishness.

Of sweetness and weakness, vanity
And fire, of uneternal frozenness.

But what, when Roland's horn is heard
And echoes through the valleys, and over the roofs

Comes an answering and familial oh,
To which might one lend one's last sigh?

. . . While we sleep, like brother and brother, round the circle,
Like a sarcophagus, where they sleep hand in hand,

They sleep under the hill in cows and bushes,
With an Etruscan smile in their mouths they sleep —

Love's little and seems like a lapdog,
And also sleeps, stretched out in a stripe

Barely longer than a kitten-heeled slipper,
Lying face-down at the midnight hour.

When we wake up and clarity penetrates
And we get up to form a two-faced Janus

Onto the polygon of the experiments,
And ahead of us is the final chase —

Love spreads out wide, like a market square,
War and famine.
And the radio during Pagliacci's aria
Will add its voice in.

3.

Я так одна. Никто не поднимает
Ни на вершок, ни на еще немножко,
Хотя и ветер ивой обнимает
И вглубь сует, как в тесное лукошко,

Хотя свое сегодня отхромала
В спортзале синкретической природы,
Где образцы известки и крахмала
Работают над будущим породы,

Где море отфильтровывает пену,
И ржавчина наращивает яды,
И ящерицы слушают Шопена,
Как тренера, и делают, что надо.

И уясняет лиственная масса
Под собственный революцьонный топот
Прибавочную стоимость по Марксу
И Дарвина не олимпийский опыт.

И амфитеатральною шкалою
Разви- и разветвляются творенья.
Я там была, как фига под полою,
Почти тайком, как съедено варенье:

Под лампой, обучающей разжаться,
Входить в зенит, ложиться размножаться,
По пятилетке в позах Аретино
Работать план и украшать картину.

Затем, что ночь — дежурная аптека, —
В стекле, огнях и медицейских сестрах

3.

I am so only. No one raises
By even an inch, nor by a little over,
Though the wind too hugs like a willow
And shoves deeper, like into a cramped basket,

Though today it limped through its whole route
In the gymnasium of syncretic nature,
Where exemplars of plaster and starch
Are working on the future of the breed,

Where the sea filters out its foam,
And the rust cultivates poisons,
And the lizards listen to Chopin
Like a trainer, and do what's needed.

And the leafy mass clarifies
To the beat of its own revolutionary gallop
The value added according to Marx
And the unolympic experience of Darwin.

And like an amphitheatrical scale
Creatures devel- and ramify widely.
I was there, like a rude sign in a pocket,
Almost secretly, like stolen jam:

Under a lamp that teaches to unclench,
To enter the zenith, lie down to multiply,
Following a five-year plan in Aretino poses
To work the plan and decorate the picture.

Because the night — a pharmacy on call —
The rolodex of accessible versions

Доступных вариантов картотека —
Безлюдных, людных, обоюдоострых.

Затем Натура на не всякий случай
Сует под нос альтернативны виды:
Скала-и-плащ, и дева перед тучей
В заплечных птицах бури и обиды,

И Пушкин падает в голубоватый;
И кто лежал в долине Дагестана;
И холмы заволакивает ватой,
Чтобы рыдать над ними перестала,

Перенимала образ огорода
И не гордилась жребием единым:
Задрав копье, скакать за господином —
На рукомышцы-мельницы природы!

In the glass, the lights and the medusical nurses —
Unpeopled, crowded, sharp on both ends.

Then Nature, not just in case,
Sticks views alternative under your nose:
Cliff-and-cloak, and the maiden 'neath the storm
In the epaulettic birds of blizzard and hurt,

And Pushkin falls into the bluish;
And who lay in the vale of Dagestan;
And the hills are shrouded in cotton wool
So I can cease to sob over them,

I imitated the kitchen garden's image
With no pride in drawing a singular lot:
Lifting my spear, to gallop after the gentleman —
Against the hand-muscle-mills of nature!

Зоо, Женщина, Обезьяна

Яко Мои суть вси зверие дубравнии,
скоти в горах и волове.
Пс. 50: 10

зоо

. . . И лиса восстает, шатаясь
На коричневых черенках.
И медведь задвигает зренье,
Как бы хвойная пятерня.
И олени кажутся старше собственных шкур.
И полярные совы тратят свой горностай.
И двуцветные утки выводят свой гарнизон.
И двуногие девки торчат из своих чулок,
Выпускают дым восклицательной кнопкой рта
И лежат по скамеечкам лицами к небесам.

Здесь мы не просто так,
Мы здесь по делу.
Как разговор перед боем, я здесь сидела.
Теплый живот, что коляску,
Перед собой катя,
Как в островах охотник, я здесь гуляла,
Словно зачет, получала почет и ласку,
Ибо любой убогий
Двукрылый, четвероногий,
Здесь обретает вес, предъявив дитя.

Zoo, Woman, Monkey

For every beast of the forest is mine,
and the cattle upon a thousand hills.
Ps. 50: 10

the zoo

. . . And the vixen ascends, staggering,
On all her cinnamon-colored fours.
And the bear shifts his vision forward,
As if it's a hop-fingered hand.
And the deer seem older than their own skins,
And the polar owls waste their ermine.
And the bi-colored ducks send out their garrison.
And the two-legged girls stick up out of their stockings,
Exude smoke with their exclamatory mouth buttons
And lie around on benches facing the skies.

We aren't here just for nothing,
We're here on business.
Like a conversation before a battle, I sat here.
Trundling my warm belly before me
Like a stroller.
Like a hunter in the islands, I strolled here,
Just like a bar tab, I received honor and flattery,
For any pathetic
Two-winged, four-legged being
Acquires weight here upon presenting a child.

Здесь успешно поработали конвейеры природ.
Убедительные серии народов и пород
На глазах воспроизводятся, потомством обзаводятся,
Невзирая на неволю и намордник на лице.
И покуда возле пруда хороводы хороводятся,
Натура-полководица, потатчица-заводчица,
Повышает поголовье и пирует на крыльце.

А я всегда была противник обязательных «сезам!»
И в подставленные кольца показательных прыжков.
И когда натура-дура ударяла по газам,
Я бывала неподвижна от вершков до корешков.
А когда и родовое накрывало с головою,
И показывало лица, убеждая повториться
И накинуть пару петель на семейственные спицы,
На два пальца — но продлиться, протянуться по оси! —
Равнодушно и спокойно я твердила им *мерси*.

Но что из этого вышло?
И что мы здесь наблюдаем?
Над чем смеемся, душа, и куда рыдаем?
Как маленький и пузатый, измазанный жиром божок,
(Названия разные, дело одно и то же)
У зооограды послушный ем пирожок,
И взгляды прохожих мою полируют кожу.

Куда идут дразниться и целоваться —
Склонивши ум, сегодня пришла сдаваться,

Чистосердечным знаньем, повинной явкой
Место себе заработать, как бобр и зебра,
Между сезонной линькой и зимней спячкой
Выгородить себе безмятежный угол,

Here natures' conveyer belts have worked successfully.
Persuasive series of peoples and breeds
Reproduce before your eyes, equip themselves with descendents,
Regardless of the unfreedom and the muzzle on the face.
And as long as round dances dance round beside the pond,
Nature our regimental leader, indulger-and-procuress,
Raises the per capita tax and feasts on the terrace.

While I was always opposed to obligatory Open Sesame!s
And demonstrative leaps through held-up hoops.
And when nitwit-nature would hit the gasses,
I would tend to be motionless from inches to roots.
But when the maternal covered me up to my head,
And showed me faces, persuading me to repeat myself
And toss a couple stitches on the family knitting needles,
Two fingers long — but continue, stretch out on the axis! —
Indifferently and calmly I asserted to them *merci*.

But what came of that?
And what do we observe here?
What do we laugh at, my soul, and whither do we sob?
Like a little fat-smeared and tubby god
(Names may vary; the thing's one and the same),
By the waters of zoopolis I eat an obedient cookie,
And eyes of the passersby polish my skin.

Where they go to mock and kiss —
Lowering my reason, today I've come to give in.

With pure-hearted knowledge, with a guilty plea
To earn myself a place, like the beaver and zebra,
Between the seasonal molt and the winter sleep
To wall myself off an unrebellious corner,

Лечь на бетонный пол, полюбить решетку —
Верный каркас грядущего гнездованья.
Здесь я и здесь сложу свои упованья.

Здесь я и буду вос- и про-изводиться
С каждым комком еды и кружком водицы,
Телу доверив прочность и многозначность:
То ли двуличность, а то ли единобрачность.

Здесь, где торгуют шариками и соком,
Где дочерей несут на плечах мужчины,
Здесь мне и время место занять по чину:
Чтобы воссела возле «сайгак» и «сокол»:
Лишний свидетель при опустевшем гробе.

Мамкой и нянькой спя при своей утробе.

To lie down on the cement floor, to love the bars —
The faithful carcass of my imminent nesting.
Here I am and here I lay down my raptures.

Here I am and I'll re- and pro-duce myself
With each lump of food and mug of water,
Entrusting firmness and many meanings to my body:
Perhaps two-facedness, or perhaps mating for life.

Here, where they trade in balloons and juice,
Where men carry daughters on their shoulders,
Here it's time for me to assume my rightful rank:
So I can be enthroned beside "antelope" and "falcon":
A superfluous witness beside an emptied grave.

Like nanny and nurse, sleeping over my own womb.

женщина

Простушка-Чи́та в клетке нагишом:
Лицо кульком, соски карандашом,
В ногах дитя и в головах корыто.

И то, что шерстью рыжею укрыта,
И то, что мужа ражего пасет,
Ее не успокоит, не спасет.

И краденая тряпка цвета беж
Потешит ум, но тоже не спасает,
А новую такую не найдешь.
И дни идут, и груди обвисают,
Как паруса обманутых надёж.

Дитя по-прежнему играет на полу,
К тебе спиной; оно уже девица
И хочет нравиться в своем углу.
Вот жизнь прошла, и некуда деваться.

А в клетке напротив другие, у них призовые места.
Вот кто-то забегала, сына на плечи надев,
Проверила скорости и дальнобойность хвоста.
А прочие прячут смущенные личики дев.

Иные уходят на верхние полки,
Которые так далеки.
И строят в уме обезьяньи палаты,
Ведут обезьяньи полки.

the woman

Simpleton-Chita all naked in checks:
Face like a sack, nipples like pencils,
Children at her feet and a trough at her head.

And the fact that she's covered in red fur,
And the fact that she herds her beefy husband
Won't calm her down, won't save her.

And the stolen rag, beige colored,
Will console her mind but also is no savior,
Though you won't find another one like that.
And the days pass, and your breasts sag
Like the sails of disappointed hopings.

The wee one plays on the floor as before,
Its back to you; it is already a girl
And wants to be liked in its corner.
There life has passed, and nowhere to stick yourself.

But the ones in the cage across, they have prize positions.
There someone's started running, popping her son on her shoulders,
Tested the gears and throwing range of her tail.
While yet others conceal their embarrassed maidens' faces.

Different ones go off onto the upper shelves,
Which are at such a distance.
And build in their minds monkey palaces,
Command monkey regiments.

Иные опасны, иные рябы.
Иные лежат, как древесны грибы,
Как рыбины или рабы.
Над ними качаются ложнолианы,
И тени ложатся на лбы.

С весной они сеют свои семена,
Но время проходит, и что пожина?

И дети, и дети над жатвой обильной
Летают на камере автомобильной,
Мелькая в мужских или женских зрачках,
На клетку направленных слева и справа,
Стареют бессмысленно и величаво
Уже в материнских руках.

И ты отлетаешь недавней заплатой
От жизненной ткани худой и усталой,
Животная женственность с тряпкою смятой
И в задней ладони как насмерть зажатой —
Хлопчатобумажной, заношенной, влажной
Тряпицею маленькой, маленькой, малой!

А я все иду к тебе с очною ставкой,
Как в паспортный стол за решающей справкой,
Стоять, подставляя тебе зеркала —
Стекляшки очков, аппараты для съемки,
Свои, со следами недавней поломки,
Последнего часа телá и делá.

Some are dangerous, some are pockmarked.
Some lie there like tree ear mushrooms,
Like great big fish or slaves.
The pseudolianas sway above them,
And the shadows lie down on their brows.

Starting in spring they sow their seed,
But time passes, and what is reaped?

And the children, children above the abundant harvest
Go flying on an automobile cab,
Flickering in male and female pupils
Directed to the cage from left and right,
Already as they lie in their mothers' arms
They're aging senselessly and grandiosely.

And you fly off like a recent patch
From the thin weary fabric of life,
Animal womanliness with a crumpled rag
And clutched to death in the palm of your foot —
Like a cotton, worn-out, humid
Little rag, the small, the little one!

And I keep coming to see you eye to eye,
Like going to the passport office for a crucial permit,
To stand, holding mirrors up to you —
The glass chips of spectacles, the photographic apparati,
We're one crew, with traces of a recent break,
The bodies and deeds of the final hour.

обезьяна

Молоточки стучат, потаенные точки горят,
Потогонные штучки заводят сезон-календарь,
Так что мамы и дочки выходят на общий парад,
И отцы с сыновьями заводят совместный букварь,
Где блестит и пофыркиват, чиркает и загора,
Сотней ложечек в мелких стаканах играет с утра,
И единственный выдох, как есть, объясняет врачу,
Что ума человечьего несть или я не хочу.

Открываешь глаза — и пора забираться в ковчег:
Прибывает весна, накрывая тебя с головой,
Приближается чех, наступает с востока Колчак
И раздетые немцы как колья стоят под Москвой.
И ободранные, как бока, партизаны лесов.
И убитые летчики без кобуры и часов.
Все, кто жалобы кассационные слал на закат,
Все, по ком, словно колокол, бил языком адвокат —

И не выбил отсрочки. И голая, словно десна,
Постояльцев земля выпускает из стыдного сна.
И они по предместьям за черной почтовой водой,
Сотрясая заборы, свободно идут слободой.
Но куда ни пойдут — сам-скобой запирается дверь,
Лишь подветренный лес поднимает свои соловьи.
Или это шумит безъязыкая малая тварь,
И желает пощады, и бьется в пределы свои?

the monkey

The mallets tap, the secret gear teeth burn,
Sweat-provoking thingies crank up the season calendar
So mamas and daughters come out to the common parade,
And fathers with sons start reading the primer they share,
Where it flashes and snor-, chirrups and starts to bur-,
Plays all day like a hundred spoons in shallow glasses,
And a single exhalation, as it is, explains to the doctor
That the mind of the human is lacking, or I don't wanna.

You open your eyes — and it's time to tuck into the ark:
Spring is delivered, covering up to your head,
The Czech draws near, Kolchak attacks from the east,
And the ragged Germans stand outside Moscow like stakes.
And the forest partisans, ragged as flanks.
And the slain pilots without their holsters and watches.
All who filed their complaints of appeal at dawn,
All for whom the lawyer's tongue swung like a bell-clapper —

And didn't wring out a deferment. And naked as gums,
The earth releases its lodgers from shameful sleep.
And they in their suburbs go get black postal water,
Shaking the fences, canter freely through the canton.
But wherever they head — the door's locked with two shackles,
Only their own nightingales lift the aired-out forest.
Or is it the tongueless little creatures making noise,
And wanting mercy, and throbbing in their own boundaries?

В ожиданьи амнистии, как перед Страшным судом,
Тут и я посижу у пруда, приоткрытого льдом,
Обезьяньи ладони, как свод, укрывающий свод,
Уложив на живот,

Чтобы то, что обещано в темном пространстве пустом,
Как победный салют, относилось и к нам с животом,
Относилось как ветром, ложилось в объятья само,
Словно в ящик письмо.

В красно-белом пальто, в красно-белом широком пальто
Посидим у пруда, положившись на это и то,
Безразмерное О, как широкий оконный проем,
Населяя вдвоем.

Expecting an amnesty, as if facing the Last Judgment,
I too shall sit here by the pond covered over by ice,
Placing, like an arch that shelters another arch,
Monkey palms on my belly,

So that what is promised in dark empty space
Should apply to us and our bellies too, like a victory salute,
Should apply like the wind, lie down in its own embrace,
Like a letter going into a mailbox.

In a red and white coat, in a wide red and white coat
Let us sit by the pond, relying on this and on that,
A measureless O like a broad window opening,
Settling there two together.

О Шофере

Вот грузовик забирается в гору.
Вот проезжает по темному бору.
Крутит баранку шофер полусонный,
Не отгоняя летучие сонмы.
Плач комариный, лягушечьи клики,
В недрах машины дремучее пенье,
Степи сухие и странные блики
Он не доводит до точки кипенья.

Едет и грезит в тесной каморе,
И перед ним открывается море.

Черным и серым оно полосато.
За морем Турция. Пляжи пустеют.
Вот он свернет ко знакомому саду
И отлежится в хозяйской постели.

Сверток укутан в льняную салфетку,
Слоем фольги запеленут,
Толстой бумагой, за ней — папиросной.
Рыбы плывут и плывут и не тонут.

И, обнажая, бумага хрустит.
Птицы умолкли. Натура простит.

Тайной картинки огни и салюты,
Алые сполохи, зеленые зарева,
Дивы народной голые плечи,
Светлые волосы, темные брови,
Ноги в лазурных, ажурных чулках!

About a Driver

There's a truck climbing up the mountain.
There it's driving through a dark pine grove.
A half-sleepy driver turning the wheel,
Not driving off the flying multitudes.
The mosquitoes' lament, the frogs' calls,
The slumberous song in the vehicle's bowels,
He doesn't bring the dry steppes
And strange flashes to the point of boiling.

He drives and daydreams in the cramped cab,
And the sea opens out before him.

With black and grey it is striped.
Beyond the sea is Turkey. Beaches empty.
Here he'll turn towards a familiar garden
And have a lie-down in the owners' bed.

A bundle is wrapped in a linen napkin,
Diapered with a layer of gilt,
Thick paper, with cigarette paper inside it.
Fish swim and swim, and they do not sink.

And, making naked, the paper rustles.
The birds fall silent. Nature will forgive.

The flares and salutes of a secret little picture,
Scarlet northern lights, skies glowing green,
The naked shoulders of a people's wonder,
The blond hair, the dark eyebrows,
The legs in sky-blue see-through stockings!

Свадьба Принца Чарльза и Камиллы Паркер-Боулз в Прямой Трансляции Немецкого Канала RTL

Видно с дивана, колени
Тесно к локтям подтянув,
Долго ли нитке продлиться, вертеться веретену.
Смотрим с дивана, так гуси
Глядят из пасхальных корзин:
Первый подъехал, второй все тянется лимузин.

В бедном районе немецком
Сердце лопочет: ла-ла.
Видишь, на воле деревьев дружественные тела?
Каждое может тебе,
Егда подойдет пора,
Извлечь жену из ребра, родить дитя из бедра.

Вот одно — замарашка, в веснушках оно или в почках?
В нервных узлах, в мокрых зеленых платочках,
В тысяче мелких трещин, оспин или штрихов.
На этом углу оно ждет себе женихов.
А я ненамного его богаче.
И что меня отличает от?
Клочок экрана в пустой квартире,
Чужая свадьба в прямом эфире,
Пока не кончилась передача.
И повесть, пухнущая от плача,
Как бы бумажник или живот.

Вот над Виндзорским замком флаг,
Обещающий брачных благ.

The Wedding of Prince Charles and Camilla Parker-Bowles, Broadcast Live by RTL German TV

I see from the couch, knees pressed
Tight up to my elbows,
Whether the thread will run long, the spindle will spin.
We watch from the couch, the way geese
Gaze out of Easter baskets:
The first limo drove up, the second one's still stretching.

In a poor German neighborhood
The heart mutters: la-la.
See the friendly bodies of trees set free?
Each one can,
When the time approaches,
Extract a wife from your rib, bear a child from your side.

There's one tree there — the slob, is it freckled or budding?
In nerve knots, in wet green kerchiefs,
In a thousand tiny cracks, smallpox or brushstrokes.
On this corner it awaits bridegrooms for itself.
But I'm only a little richer than it is.
And what distinguishes me-from?
A scrap of screen in a vacant apartment,
Someone else's wedding broadcast live,
Until the program has ended.
And the tale, swollen from weeping,
Like a wallet or a belly.

There above Windsor castle is a flag
That promises connubial blessings.

Видишь: двое. А нам с тобою какое дело,
Раз из них ни один не змей, не герой, не дева?
Пусть потертое тело обрящет другое тело.
Я бы тоже хотела так, только так бы я и хотела:
Под знаменами ветхими — вместе — во гроб ли, брак.

Крылья шляп над приподнятыми бровями.
На скамьях под хоругвями, как в лесу под ветвями,
Голубая и белая, серая и лиловая
Человеческая плетенка многоголовая:
Иже праведнии и люди кроткого нрава —
Избегли огня и воды и взошли направо.
Иже грешницы и злецы отыде налево.
Все поют. Молчит одна королева.

В океанских просторах запели русское *Верую*.
И сама невеста с красным лицом помещицы,
С добротою полковницы и прямотой стрелка,
И сама невеста тоже одета в серое,
И в уме, как в пыли воробьи, и свистит и плещется,
И страницы переворачивает рука

Жениха.

Почему этот брак
Занимает не так,
Как соседний, любой и многий?
Чем и чем заполняет площадку для аналогий?
Что он значит и мне звенит,
Восходя в звуковой зенит
Над тарелкой телевизионной,
Над кварталом слепой тоски,
Где в любой переплет оконный

You see: a couple. And what business of yours and mine
If neither of them is a serpent, a hero, a maiden?
Let the worn body seek itself out another body.
I'd want the same, I'd want nothing else but that:
Under tattered flags — together — to the grave or to marriage.

The wings of the hats over lifted eyebrows.
On pews under banners, as if in the woods under branches,
Light blue and white, grey and purple
A many-headed basketry of people:
For they are righteous and folk of mild nature —
They have escaped fire and water and climbed to the right.
For the sinners and evil-doers went off to the left.
They are all singing. Only the queen keeps silent.

In the oceanic spaces they struck up a Russian *Credo*.
And the bride herself, red-faced like a landowner's wife,
With a colonel's wife's good nature and a marksman's straightness,
And the bride herself is also dressed in grey,
And in sound mind, like sparrows in dust, she both whistles
            and splashes,
And the hand of the groom leafs through

The pages.

Why does this marriage
Interest us not in the way
A neighbor's, anyone's and many a one do?
By what and by what does it fill the square for analogies?
What does it mean and ring to me,
Arising to the auditory apex
Above the TV satellite dish,
Above the neighborhood of blind melancholy,
Where into any window binding

Трубы впишутся заводски?
На скамьях, где сидельцы наций,
Демокраций, аристокраций —
Родовой или видовой,
Делегаты цивилизаций,
Дети муз и любимцы граций,
Голоса из незримых раций
Заклинают: давай-давай!

Но они — ничего никому не дают,
Эти двое.
Допотопное *вместе*, какое поют,
(Валик плюшевый под головою)
Им работает центром, и стягом, и сенью.
Равномерно исходят оттуда круги,
Годовые отчеты, осенне-весенние
Фоторапорты, сведенья и донесенья —
Про старенье ее и его облысенье,
Всенародные, как пироги.

Из всех образцов, каковые заносят в умы,
Под веками крутят, кладут под подушки зимы
И зимы проводят в рассказах о том и о той,
О жизни ненашей, ненастной, но как прожитой! —
С карминным обрезом, с антоновским белым бочком.
Из тех, по которым силлабы, как бабы, ревут,
Из брачных эмблем и твоих, и чужих, Голливуд,
Эстетик, поэтик,
Я б выбрала этих,
Ветшающих, вянущих, в нетях и детях,
Что за руку держат и маму зовут.

The factory chimneys shall be written?
On benches, where the spinsters of the nations,
Of democracies, of aristocracies —
Those of family or those of species,
The delegates of civilizations,
Children of muses and favorites of the graces,
Voices from invisible walkie-talkies
Incant: come-along-come-along!

But they — they give no thing to anyone,
These two.
The ancient *together*, such as they sing
(Resting my head on a plush cylinder),
Works with it as the center, and banner, and covering.
Circles expand from there in regular rhythm,
Annual accounts, autumno-vernal
Photoreports, information and denunciations —
All about her aging and his balding,
Nationwide, like pies.

Of all those models, the sort borne into minds,
They spin under the eyelids, lay winters under the pillow
And spend winters in stories of this man or that woman,
Of a life not-ours, intemperate, but how it's lived!
With a lipstick edge, with an apple-white side.
From among those the syllables sob for, like old broads,
From emblems of marriage both yours and not-yours, Hollywood,
The aestheticist, the poeticist,
I would choose these,
Going to seed, wilting, in nays and children
Who hold you by the hand and call you mama.

Из стыдных пелен двуспинного адюльтера,
Таблоидных снимков со спутницею невзрачной,
Встает естество, закрытое, как квартира,
И в паре фрачной оно, не в одежде брачной.
И несть ему ни прощения, ни поруки,
Ни выпить воды, ни выспаться, ни жениться,
И шерстью покроются ноги его и руки
И память его забвением и пшеницей,

И нету ему пощады, и нет ограды,
Макавшему хлеб измены в вино неправды.

Но кто человек, и кто его населяет,
Его надувает, идет за ним, как за плугом,
Как женское тело беременность обнуляет,
Обводит грядущий контур незримым кругом,
Чтоб тесному О его изнутри заполнить,
А мне и тебе его навсегда запомнить?

Запомни этот апрель и эту женитьбу,
А более вроде нечего и желать бы:
Неженственные, блаженственные, большие,
Скрепляемые в одно, как плечо и шея,
С которой видно легко, далеко и ближе.
Я так на тебя гляжу — иногда и вижу.

— А кто нам укажет путь и полет орла,
Годы стекла, воду в слоях ствола?

— Провинциальная клумба, невинный цвет,
Круглыми взглядами смятая, как батист,
Небо, заросшее, как Иоанн Баптист, —
Справочник, без какого не обойтись.

From the shameful wrappings of a two-backed adulterist,
From tabloid shots with a plain-looking companion,
Arises an entity, shut up like an apartment,
And it's in a tuxedo, not in wedding garb.
And it shall have neither forgiveness, nor bail,
Nor a drink of water, nor a good night's sleep, nor a wedding,
And its arms and legs shall be covered with fur
And its memory with forgetfulness and wheat,

And it shall have no mercy, no boundary fence,
After dunking betrayal's bread in the wine of injustice.

But who is a man, and who inhabits him,
Puffs him up, follows after him as if he's a plough,
As pregnancy reduces the female form to zero,
Traces the coming contour with an unseen circle,
So its cramped O will be filled from within,
And are you and I to remember it forever?

Fix in memory this April and this wedding,
And more than that, it seems, nothing to wish for:
Unfeminine, blissful, big,
Enfortressable in one, like a shoulder and neck,
From which things are easily visible, far away and closer.
That's how I regard you — and sometimes I see you.

"But who will show us the path and the eagle's flight,
The years of glass, the water in the tree rings?"

"A provincial flowerbed, an innocent blossom,
Crumpled with round glances, like a lace hankie,
The sky, overgrown, like Johann the Baptist —
A handbook without whose like you can't get by."

— А кто нам покажет внутренность парика,
Сон скорняка, невесту холостяка?
— Автовокзал со скворешнею посреди.
Ребра орешника, словно псалтирь в груди.
Дикая плоть, собравшаяся процвесть —
Лучший советчик из тех, что нету и есть.

В весенний сумрак
Под грузом сумок
С едою, купленной впрок.
И мой со мною, и мой со мною сурок.

. . . А как все это кончится, камни сточатся,
Отговорит и рощица, и пророчица,
Автомобили втянутся гаражами,
Гости — вокзалами, залами, этажами,
Шляпы — коробками, сны и сигары — ртами,
Все поменяются шубами и местами,
В час, когда будет можно все то, что хочется,
С ветхой единой-плоти одежды сбросив,
Что они сделают? сняв убор из колосьев
С женской родной седеющей головы?
Лягут лежать как псы
и
Будут лежать, как львы.

"And who will show us the inside of the wig,
The dream of a furrier, bride of a bachelor?"
"The bus station with the starling house amidst.
The hazel-grove's ribs, like a psaltery in the chest.
Wild flesh, gathered together to flourish —
The best advisor of those who are not and are."

In the spring twilight
Laden with handbags
With food, bought to keep in store.
And mine with me, and with me my own marmot.

. . . But that'll all end, the stones will wear away,
The little grove will resound, and the prophetess,
The automobiles will stretch into their garages,
The guests — by stations, halls, the floors of buildings,
The hats — to boxes, dreams and cigars into mouths,
Everyone will exchange fur coats and places,
In the hour when everything you'd like is possible,
Doffing the raiment of the worn-out one-flesh,
What will they do? doffing the wheat-ear decoration
From the woman's dear graying head?
They'll lie down to lie like dogs
and
They'll lie like lions.

из 20 Сонетов к М

2.

Мой друг, мой дух, мой всё - отвоевал.
Слагаю руки, что очковы дужки,
На животе, в смирении старушки,
Какую уж не звать на сеновал.
Но ждем-пождем, и прыг в глаза январь.
Две жили мышки на одной макушке.
Две варежки, две стружки, две подружки.
Одна из них отмечена. Яволь.

Ей на коне являлся самолетчик,
Сын воздуха в обличии мыша.
С огнем в глазах и крыльями шурша,
Он точно моль сквозил на самоварчик,
И, смысля: полечу и почию,
Глотал стаканы жара и чаю.

....

6.

Там при свече, клонясь на подзеркальник,
Нагая мышь выслеживает вид
Безлюдных глаз, ушей немузыкальных,
Морщинки маленьких обид.
То на себя прикрикнет, как начальник,
Переменяется, прикроя стыд —

from 20 Sonnets to M

to my mother

2.

My ghost, my host, my everything died at war.
I lay my arms down, like earpieces of glasses,
On the belly, in the calm of an old woman,
The kind no one will call into the hayloft.
But wait-we'll-wait, and jump! January's at hand.
Two mousies lived on a single summit.
Two mittens, two wood shavings, two girlfriends.
One of them has a mark. Jawohl.

To her a planeman appeared on a horse,
Son of the air in semblance of a mouse.
With fire in his eyes and rustling his wings,
Just like a moth he drafted to the samovar,
And figuring "I'll fly off and I'll repose,"
He gulped down cups of fever and of tea.

. . . .

6.

There by candlelight, leaning to the mirrorsill,
A naked mouse is searching for the semblance
Of unpeopled eyes, of unmusical ears,
The little wrinkles of small hurt feelings.
Then she will shout at herself, like a boss,
She changes, making to hide her shame —

И, морем вспять, она уходит в спальник,
И вдоль хвоста, как берег, спит.

— А что-почто летит холодной мглой?
— Упырь крылатый с мышкой молодой —
На брачный пир, на пир венчальный.
— А кто-покто в звездах и при луне?
— Крылатый мыш на той войне, войне,
Войне прощальноей, печальной.

7.

— Возвыхожу, как месяц из тумана,
Плыву, кивая, по стене.
Я тот Кому, которому внимала,
О Мышь, в ночном и в тишине.
Я пустота последнего кармана,
Я нос, купаемый в вине,
Двойник тирана, бедновик романа,
Наследник копей и Гвиней.

То нотабене, что в твоем подмышье,
Как знак отличия, я алым вышью,
Сметанным островом в борще.
И будешь ты — цари ... И все земное
Я дам тебе, и полетим со мною
За облаками, в те пеще ...

And, like tide turning, she goes to her sleeping bag,
And sleeps, like the shore, alongside her tail.

"And what is that, that flies like chilly gloom?"
"A winged vampire with a young little mouse —
To the wedding feast, to the feast of marriage."
"And who is that who in the stars and by moonlight?"
"A winged mouse who's at that war, that war,
The farewelling and sorrowful war."

7.

I rise and emerge like the moon from mist,
I sail, nodding, along the wall.
I'm that To Whom to which I raptly listened,
O Mouse, in the nocturnal and in silence
I am the emptiness of the final pocket,
I am the nose dipped into guilty wine,
A tyrant's double, poor draft of a novel
The heir of spears and Guineas.

That notabene tucked under your armpit
As a distinctive sign, I'll stitch it scarlet,
With a sour-cream island in the borscht.
And you will be — tsars . . . And all that's earthly
I'll give to you, and you'll come fly with me
Beyond the clouds, into those cav . . .

8.

Водица слез сбегает на живот.
Язык облизывает щеки.
И кружево чулка само живет,
Врастает в бок, смежает оки,
И, как соски, проснулися пороки
И наравне протягивают рот,
И огород свершает оборот
И урожай родит на солнцепеке.

И думаешь: зачем не нахтигаль
Я хуторской, и без прописки тута?
Зачем я вертикально протянута,
А Бог меня, как реку, настигал?
И я ложусь в канаву к водяному,
И я кажусь окошку слюдяному.

9.

Есть старики, и к ним старухи есть,
А к ним охотничьи, с фазаном, шляпы.
Церковны кресла и еловы лапы
И взгория, которыми не лезть.
Смешная мышь в платке стоит как перст.
В ее роточке сыр. Подарок папы.
Еще в автобусе хватает мест.
И драпа — на пальто из драпа,

Куда девать вас, локти и плеча.
И хлеб из тостера, загрохоча,
Взлетает лбом, как бы глухарь с черники,

8.

A dribble of tears runs down onto my belly.
My tongue licks off my cheeks.
And the lace of the stocking lives of itself,
Grows into my side, closes my eyes,
And, like nipples, vices have awakened
And each one sticks its mouth out equally,
And the kitchen garden takes a turn
And bears the harvest where the sun is baking.

And you think: why am I not a village
Nachtigal, and mulberry without a pass?
Why am I stretched out vertically,
And God has caught up with me, like a river?
And I bed down in a canal to the water spirit,
And I show myself to the mica window.

9.

There are old men, and old women to match them,
And, sewn to match, they have their hunting hats.
Church armchairs and fir branches
And hillocks you can't clamber up.
The funny mouse in a scarf stands up like a thumb.
There's cheese in her little mouth. A gift from papa.
There are still plenty of seats in the bus.
And enough drape to make a thick wool coat,

Where you may be stuck, elbows and shoulders.
And bread from the toaster, staring to rumble,
Flies straight out, like a grouse from the brambles,

И тяжело, петляя меж дерев,
Летит, летит — направ или налев.
. . . И тостера не починити.

10.

Еще искать мышиных жеребцов?
Глядеться в полузеркальце ботинка?
О мысленная мышка, о картинка,
Близнец из вероятных близнецов.
Вокруг себя кружася как пластинка,
Саму себя как дервиш утанцо-
-вывая, важно выгибая спинку —
И остановишься перед крыльцом.

— И моргенштерн казался ей аврора.
И Лореляй на этих берегах.
И все дубы последнего набора.
. . . Без нянюшки, без сна, без гувернера . . .
И все солдаты в славных сапогах.
То вскачь, то навзничь. Над и на снегах.

11.

Едва сойду с вокзала, и под дых
Кулак воздушный: все тобою сыто,
Цветы в горшках, и те головки сыра,
И бедный крендель в сладких запятых.
И хочется стряхнуть себя, как в сито,
Туда — шпионом обойдя посты, —

And heavily, snagging between the trees,
It flies, it flies — to the righ or to the lef.
. . . And that toaster is not to be repaired.

10.

To search more for the mouse's colts?
To regard myself in the shoe's half-mirror?
O little mental mouse, o petty picture,
Twin from among the probable twins.
Around yourself spinning just like a record,
Dancing your own self silly like a der-
vish, pompously bending your little back —
And you'll stop when you reach the porch.

"And she took the Morgenstern for the aurora.
And Lorelei on these banks here.
And all the oak trees of the final levy."
. . . With no dear nanny, with no sleep, no tutor . . .
And all the soldiers in their boots of glory.
First gallop, then fall face down. Over and on the snows.

11.

I'm hardly down from the station, and under my brea
An airy fist: it's all sated with you,
The flowers in pots, and those little heads of cheese,
And the poor pretzel between its sugared commas. . . .
And I want to shake myself, as if through a sieve,
Over there — to evade checkpoints like a spy —

Где ты, попонкой черною укрыта,
Блаженно дышишь в пажитях пустых.

Теперь держу, как царскую, ошую,
Большой капусты голову большую,
Холмы, надбровья в зеленой листве.
На блюде, как по площади, ношу я
Весь этот юг с тобою на главе,
Весь этот рай, что стал тебе — лафет.
……..

15.

Я памятник воздвиг, и -ла, и -ну.
В мышиной норке, в ветхоем жилище,
И на ристалище, и на кладбище,
Где ни была, куда ни помяну.
Хоть за руку одну, твою, родну,
Держатися на этом пепелище,
Где *кое-что* во мне находит пищу,
А я себя, как пиццу, протяну.

Как пиццы разбежавшийся ландшафт.
Как в степи — обезумевший лошак.
Как в сети — сойка, и с крыльца — невеста.
Бежит вода с нагорного чела.
Пустые шубы прячутся в чулан.
И местности меняют место.

Where you, concealed by a black horse-blanket,
Blissfully respire in fallow pastures.

Now I hold the big head of a big cabbage,
As if a tsar's huge orb, in my left hand,
The hills, the overbrows in green foliage.
On a platter, as if through the square, I bear
This whole South with you in the vanguard,
All this paradise that's become your headstone.
……..

15.

I raised a monument, and do raise, and will.
In a mousehole, a fragivoluminous dwelling,
And on the field of honor, and in a graveyard,
Wherever I was, no matter where I mention to.
Though by the one hand, yours, dearest,
To hold on to atop this mound of ash,
Where *a certain something* in me finds nourishment,
And I hold myself out, like a slice of pizza.

A landscape run off in all directions, like pizzi,
Like in the steppe — a hinny that's gone mad.
Like a jay in a net, and a bride off the porch.
The water runs down from the mountain's brow.
Empty fur coats hiding in the storeroom.
And locations trading places.

16.

Вздохни о мне, бывалая отрада,
В движении сердечных уз
Живописующей стилом помады
Листы подставленные уст.
И око расширяющей для взгляда,
И дышащей, как возмущенный куст,
И пальцев непослушливое стадо
Сжимающей в кулачный хруст.

И тело мира изменилось. Мы ж
С тобой одни, о мышь моя и мышь.
В любимый город, синий дым Китая,
В далекий край товарищ улетат.
Любые сласти можно уплетать.
И бес в ребре как запятая.

17.

Заснеженный, с вороной на носу,
С гвоздикой под чугунною пятою,
Я истукан как девочку несу
И как грудную грудию питаю.
С густого неба кольцами питона
Он ринется в полуденном часу
И унесет, взнесет свою красу
Как молоко на донышке бидона.

Две жили мышки, но одна — с печаткой.
Две жили мышки, но одна — одней.
Пристрастный воздух был ее перчаткой.

16.

Sigh over me, O my former rejoicing,
In the movement of the cardiac fetters
Lifedrawing in the medium of lipstick,
The leaves of lips uplifted for a kiss.
And the eye of one who widens to regard,
And of a breathing one, like a shrub disturbed,
And the disobedient flock of the fingers
Of one who squeezes them in a fist's crack.

And the body of the world has changed. While you
And I are alone, O my mouse and a mouse.
To the beloved city, China's indigo smoke,
To the distant region my comrade flew aw.
Any sweets at all may become involved.
And a demon in the rib like a comma.

17.

Covered in snow, with a crow on his nose,
With a carnation beneath his iron heel,
I carry the idol like a little girl
And breast-feed it like a nursing infant.
From the thick sky in a python's spiral
He lunges at the hour of noon
And will carry off, carry up his beauty
Like milk on the very bottom of a milkcan.

There lived two mice, but one — with a special seal.
There lived two mice, but one of them was aloner.
The prejudiced air was a glove for her.

В тумане сигаретны автоматы,
Как две руки, но ближняя — родней.
И дерева пучиною косматы.

18.

Die Seele fliegt, как Wolkchen через туч.
Скульптурицею полны палисады.
Повыше виноградник полосатый,
Как бы матрас, провесившийся с круч.
А свыше, занавешен парусами,
Сам-самолетик около летуч,
Как серый волк гремучими лесами.
И, опираясь на неверный луч,

Встает больной со своего одра.
И в сердце выйдет около ребра,
Как в дамки, danke.
И медсестра в воскресном парике,
Как поцелуй, останется в зрачке
Навеки замурована, как в танке.

19.

Пятнадцатое, локоть января.
Бананы на тележке магазинной.
Сей нос и рот, обитые резиной,
Как два пропойцы, глухо говорят.
Вот это снег, чтоб походить на зимы.
Его состав никто не проверял.

In the haze of the cigarette machine,
Like two hands, but the close one was dearest.
And the matted trees forming an abyss.

18.

Die Seele fliegt, like Wolkchen through the clouds.
The palisades are full of a sculpturess.
Higher up is the striped vineyard,
As if a mattress, hanging off the cliffs.
And from higher, curtained with the sails,
A pied pilot is airbornely around,
Like a grey wolf through the rumbling forests,
And, leaning onto an uncertain ray,

The sick one stands up from his bier.
And the danke, just like in Go Fish,
Comes out in the heart around the rib.
And the nurse in the resurrected wig,
Like a kiss, will remain in the eye's apple
Walled in forever, like inside a tank.

19.

The fifteenth, the elbow of January.
Bananas on the barrow at the store.
This nose and mouth, with rubber upholstered,
Are speaking muffledly, like two dead drunks.
This here is snow, to make it resemble winters.
No one has made sure of its composition.

Паду и я в открытые дверя
И каблуками буду уносима.

Но фокстерьер ведом по следу лисью,
Ползет норой, прочуивает листья,
И, дыбом вставши, узнаю,

Как фавна лик живой и остроухий,
С листвой на голове — зеркал во брюхе —
Большую голову свою.

20.

Две жили мышки во одном тазу.
Как я и я, как мгла и где же кружка.
Голубка мышь, норушка мышь … И крышка.
И я одна по ниточке ползу.
Январь, и небо не смогло — грозу,
Ни выгнать птиц на певчую опушку,
И все, что я вложу в ушко́ и у́шко,
Суть коридор, который прогрызу.

....
....
....
....
....
....

I'll fall too into the open doorwaze
And be carriable away by passing heels.

But the fox terrier leadable on a fox path,
It crawls through the lair, it smells right through the leaves,
And, standing up on end, I recognize,

Like a faun's visage, living and sharp-eared
With foliage on its head — in the mirrors' belly —
My own big head.

20.

There lived two mice in a single basin,
Like I and I, like gloom and where the mug.
A dovey mouse, a little-nest mouse . . . And the end.
And I alone am crawling on a thread.
January, and the sky couldn't manage — thunder,
Nor chase the birds out to the singing verge,
And all that I put in my ear and the needle's
Are the corridor, which I'll gnaw through.

....
....
....
....
....
....

Сарра на Баррикадах

1.

Год тысяча девятьсот пять.
В колыбелях уже не спять.
Открывают глаза, разувают ручонки,
Разевают беззубые рты
Те, кто в вагоне, как Гвидон в бочонке,
Ах нет, как сельди в сельдяном бочонке,
Покатят в дальние сырты.

Над ними в Тамбове и Ейске
В холстах одичалых портьер
Вздыхают туманные мамы еврейски
(Немецкие русские польские или ...)
И перечень детских фамилий
Как список военных потерь.

Их будущие дамочки подружки
Переполняют дедовские чресла,
В игольные заглядывают ушки,
Ведущие в неведомые чрева.

(Смешной лесок вокруг смешного срама
Курчав, как рама.
Над ним витают запахи зачатья,
О них молчати.
Еще — туманы супа и клозета.
И заголовки биржевой газеты,
Один звонок, вагон второго класса,
Слеза и клякса.)

Sarra on the Barricades

1.

The year nineteen-oh-five.
In cradles they're no longer slipping.
They open their eyes, unshoe their wee hands,
Yawn wide their toothless mouths.
The ones in the train car, like Guidon in the barrel,
Ah no, like herrings in a herring barrel,
Will roll off to the distant syrts.

Above them in Tambov and Yeysk
In the canvases of feral portières
The foggy mamas sigh Jewishly
(German Russian Polish or . . .)
And the roll-call of children's last names
Is like a list of war casualties.

Their future little dame girlfriends
Overfill their grandfathers' loins,
Glance into the eyes of needles
That lead into ineffable wombs.

(The silly grove around the silly genitals
Is curly, like a frame.
Above it soar the odors of conception,
One must say nothing of them.
Besides — the fogs of soup and the WC.
And headlines of the stock report.
One bell, a second-class train car,
A tear and an inkblot.)

Я знаю, а знать бы не надо,
Что эти всеобщие роды,
Ритмичные, как канонада —
Явление новой породы.
Что в эти бессонные люльки
Зияют отверстые люки.
Что в демографичном прибое
Кипит и мятется любое.

Любая бульварная Марта
Имеет похожие складки,
Под каждою юбкою карта —
Уступчивый, облачный, гладкий
Ландшафт, уходящий под лед
На годы и годы вперед.

Поверх полагаются калькой
Слои повременных событий,
Спектаклей и кровопролитий;
По сердцу идет пароход
Из тридцать девятого года.
А в горле — ч/б — баррикада.
На коей прабабушка Сарра
— а глаз, накануне подбитый,
повязан кружком по-пиратски —
и Санька, и Сарра Свердлова
стоят за рабочий народ.

I know, but better not to know,
That these omnicommon births,
Rhythmic as cannonades,
Mean the appearance of a new breed.
That in these sleepless cribs
Split-open hatches gape.
That in the demographic breakers
Anything at all boils and thrashes.

Any main-street Martha
Has reminiscent wrinkles.
Under each skirt a map —
A yielding, overcast, smooth
Landscape, departing under the ice
For years and years in advance.

Layers of temporary events,
Performances and blood-lettings
Are applied on top like tracing-paper;
A steamship goes along the heart
From nineteen thirty-nine.
And in the throat — wh/b — the barricade.
Whereon great-grandmother Sarra
— with her eye, blackened last night,
bandaged by a piratical circle —
both San'ka and Sarra Sverdlova
stand up for the working folk.

2.

Изо всех в земле лежащих, запрокинув лоб,
Речь мою в уме держащих сквозь сосновый гроб,
Пересыпанных как манка в банку жестяну,
В городском саду играя, выберу одну:

В белой шляпе, с подруга и друг,
На альпийской тропе,
Где столетье сгорает как трут,
Иссякает в толпе;
Летним днем в Люксембургском саду,
Где Мария Стюарт,
Где и я через век постою
И следы не стирать;
Зимней ночью Вильфранша-сюр-Мер
Провожая огни.
В Петербурге в тюрьме,
Вот, взгляни.

Разбираясь в бюваре
На московской квартире.
На Покровском бульваре.
В коммунальном сортире.
В больничной палате
В белом халате —
Осуществляя прием.

Теперь — только в черепе тесном моем.
С дочкой.
С внучкой.
С правнучкой мной.
Феминистского свода ласточка тучка.
Ковчега женского Ной.

2.

Of all those lying in the earth, foreheads tipped back,
Who hold my speech in mind through the pine casket,
Poured like farina into a can of tin,
In the city garden playing, I'll choose one:

In a white hat, with girl and boy friend,
On an alpine path,
Where a century burns out like tinder,
Scatters in the crowd:
On a summer's day in the Luxembourg Garden,
Where Mary Stuart stands,
Where I too a century hence will stand for a bit
And the traces shall not be erased;
On a winter's night Villefranche-sur-Mer
Following the lights.
In the prison in Petersburg,
There, take a look.

Sorting through the blotting-pad
In a Moscow apartment.
On Pokrovsky Boulevard.
In the communal cesspool.
In a hospital ward
In a doctor's white gown —
Realizing the rounds.

Now — just in my own cramped skull.
With her daughter.
With her granddaughter.
With her great-granddaughter me.
The stormcloud swallow of feminist skies.
Noah of a female ark.

И когда она венчает баррикаду,
Я не буду обнажать ей руки-груди,
Но и флагом прикрывать ее не буду,
Потому что нет такого флага.
И ни красный цвет, ни сине-белый
Не годятся для такого дела.

Теперь на небесах заводят радио
Свобода, баррикада, демократия.
И Сарра Гинзбург им — как демонстрация
(Возможно, назначения поэзии?)
Хотя любая подзаборная акация
Для этих дел доступней и полезнее.

. . . но их уже почти не различить.
И если Сарру переставить в воду
Или акацией завесить баррикаду —
Одно число (исчисленного года)
В конце задачника имеем получить.

And when she crowns the barricade,
I shall not bare her arms and breasts,
But neither will I drape her with a flag,
Because there's no such flag.
And neither the color red, nor the white and blue
Are suited to such a task.

Now in the heavens they turn on Radio
Free Europe, there's a barricade, democracy.
And to them Sarra Ginsburg's like a demonstration
(Maybe, of the point of poetry?)
Although any acacia under a fence
Is more useful and accessible for such purposes.

. . . but now you can hardly tell them apart.
And if Sarra is put into a vase
Or the barricade is curtained with acacia —
We are to receive one date (of a totaled
year) at the end of the workbook.

Женская Раздевалка Клуба «Планета Фитнес»

Общего ничего, кроме тепла и шерсти,
Одинаких ключей и девяти отверстий,
Наполняемых чем? влагой, сластью, говном;
Накрываемых ртом; закрываемых сном.
Выпекающих: кровь, слезы, детей и серу.
Окружающих: суть или чужую плоть.
О девяти своих я захожу и села
Снять. Постояла быть. И направляюсь плыть.

Розовы и желты, крупные как младенцы,
Голышом — нагишом — по уши в полотенце —
Стайки деводерев пересекают пол.
Каждое входит в душ, томно склоняя ствол.
Нужно, как виды вин и сорта куропаток,
То ли классифици, то ли полюбопы:
Вот пластины ключиц; вот паруса лопаток.
Нужно занесть в реестр каждый подъем стопы.

Скоро таких не станет. Скоро доставят смену.
Здесь перетянут бархат, там перестроят сцену,
На сочетанье кости, кожи и черных кос
Будут дивиться гости, не пряча слез.

Впрок молодой-красивый
Или дурной-хороший
В детском саду играет:
Трогает твою сливу,
Причащается груше,
Воду ртом собирает:

The Women's Changing Room at "Planet Fitness"

There's nothing shared, besides the warmth and wool,
Identic keys and the nine openings,
Fillable with what? with damp, delight, and shit;
Covered with the mouth; closed up with sleep.
Clotted: blood, tears, children and sulfur.
Surrounding: the essence or a stranger's flesh.
With my own nine I drop by and sit down
To strip. Stood to be a bit. And I set off to float.

Rosy and yellow, plump as infants,
Bare — naked — in a towel down to the ears —
The flocks of tree-maidens slice through the floor.
Each goes into the shower, languidly drooping its trunk.
It needs, like types of wine and breeds of partridges,
Either a classifica-, or just curiosi-:
There the collarbone layers; there the shoulderblade sails.
Each lift of the sole must be logged in the register.

Soon there'll be no more such. Soon they'll find a second shift.
Here they'll stretch velvet across, there they'll rebuild a stage,
For the collocation of bone, skin and black plaits
The guests will marvel, not hiding their tears.

Benefit for the young-handsome
Or the ugly-good
Plays in the kindergarten:
Touches your plum,
Communes in the pear,
Collects water in its mouth:

Безсвязная, резная наследует зима,
И брата не узнает животное ума.
Этот столб водяной может стать ледяной,
Разум заразой и воздух газом,
Голубки-Любки сомкнутою стеной
Замаршируют по лабазам.
И дверь, что открывалась на плавательный куб,
Откроется на малость, как зиппер на боку.
И выступим из тапок, коронок и часов,
Из соположных тряпок, ногтей и голосов.

И в ноздри, рты и уши, как с чайника дымок,
Толпой повалят души,
Сорвавшие замок.

Но, как в школе лесной, все же шумит излишек
Кремов, уст и волос, мышц и подмышек.
Автозагар и стыд, словно лисицы нор,
На поверхность тела глядят в окуляры пор.
Но, как в скотском вагоне, где в тесноте и матом,
Бродят квадраты пара и долгий вой,
Непреступное, небо становится братом.
И кто-то поет в душевой.

В пионерлагерях, в синих трусах июля,
То упираясь, то поднимая флаг,
Первое я, насупленное, как пуля,
Делает первый шаг.
И хмуря пейзаж, как мнут в кулаке бумагу,
Почти небесами гляжу на него. И лягу,
Как та шаровая молния, на поля —
В один оборот руля.

Incoherent, whittled winter will inherit,
And animal reason won't recognize its brother.
This watery column can turn to ice,
Reason to infection and the air to gas,
Lovey-Doveys in a close-ranked wall
Will start to march through the sheds.
And the door that used to open on the swimming gob,
Will open a wee bit, like a zipper on the hip.
And we'll step out of slippers, crowns and watches,
Out of our complaced rags, nails and voices.

And once they've torn off the lock, a crowd of souls will pour
into our nostrils, mouths and ears
like a steampuff from a teapot.

But, like in forest school, the excess of creams,
Mouths and hair, muscles and underarms keep rustling.
Shame and the autotan, just like a vixen's lair,
Regard the body's surface through lenses of pores.
But like in a cattle car where, cramped and with profanity,
Quadrants of steam and the long wail wander,
Untrespassing, the sky becomes a brother.
And someone in the shower room sings.

In Pioneer camps, in the indigo shorts of July,
First dipping, then lifting the flag,
The first I, brow-knitted, like a bullet,
Takes the initial step.
And squinting the landscape, the way a fist crumples paper,
I regard him almost like the skies. And I'll lie down,
Like that ball lightning, on the fields —
With one turn of the wheel.

Летчик

Когда он вернулся оттуда, куда,
Во сне он кричал и бомбил города,
И духи казались ему,
Курить он вставал, и окно открывал,
Совместные тряпки лежали внавал,
И я в темноте собирала суму,

Но это еще ничего.

Копать приусадебный наш огород,
Семейного рода прикорм и доход,
Не стал он и мне запретил.
Не дал и притрагиваться к овощам.
Отъелся, озлел, озверел, отощал
И сам самокрутки крутил.

Но жизнь продолжала себя.

Когда ж он вернулся оттуда, куда
Гражданского флота летают суда,
С заоблачных небесей,
Когда он вернулся оттуда совсем,
Как дети, которые мамку сосём,
Мы были беспомощны все.

Но это еще ничего.

А там, высоко, за штурвалом поют,
Летя стюардессы вино подают,
Тележки катят по рядам,

The Pilot

When he returned from there, where,
He yelled in his sleep and dropped bombs on cities,
And ghosts would appear to him,
He would get up to smoke, and would open the window,
The shared rags lay there in a heap,
And in the dark I gathered my bundle.

But that isn't anything yet.

Digging our garden by the farm,
Food and income for our whole family:
He wouldn't, and he wouldn't let me.
Wouldn't let me touch any vegetables.
Ate a lot, got mad, was a brute, lost weight,
And kept rolling cigarettes.

But life just kept on going on.

When he came back from there, where
The vessels of the national airlines fly,
From the heavens beyond the clouds,
When he came back from there altogether,
Like children still sucking the breast,
We were all totally helpless.

But that isn't anything yet.

But there, high up, they sing at the controls,
While flying the stewardesses serve wine,
They roll the carts up and down the aisles,

А мой наверху не в порядке жильца,
А сам опирался на плечи Отца,
И этого я не отдам.

А жизнь продолжала себя.

Когда ж он вернулся оттуда навек,
Безвольного неба спустой человек,
Таинственный, как чемодан,
Мы вышли служебным в погожую ночь,
Сынок на руках и около дочь.
И бил он меня по мордам.

Но это еще ничего.

Как влажный румянец при слове любовь,
Скользил по лицу его взгляд голубой,
Пока он меня обижал.
И всей родословной мы сели в газон
И видели зарево, где горизонт,
Где всё не тушили пожар.

И жизнь продолжала себя.

Неделю он пил, как слезу, со слезой.
Кому-то грозил, кому-то «Слезай!»
Держася хрипел за живот.
Потом же притих и тихо сказал,
Что там, наверху, — не глядя в глаза, —
Небесная Дочка живет.

But mine was up top not in a resident's role,
But was himself leaning on the Father's shoulders
And I won't give this one up.

But life just kept on going on.

When he returned from there forever,
An empty-down man from the unwilling sky,
As mysterious as a suitcase,
We went out the front exit on a mild night,
Little son in my arms and daughter beside,
And he would whap me in the mugs.

But that isn't anything yet.

Like a damp blush at the word love,
His blue gaze would slip over my face
While he uttered insults to me.
And as a whole clan we sat on the lawn
And saw the glow where the horizon had been,
Where they still hadn't put the fire out.

And life just kept on going on.

For one week he drank, like a tear, with a tear.
He threatened somebody, told someone "Get down!"
He wheezed holding onto his belly.
Then he went quiet and quietly said,
That there, up above — not meeting my eyes —
The Heavenly Daughter is dwelling.

И дочка, и бабка она, и жена,
И как под одеждой она сложена,
И я бы простила вранье,
Но очень уж тщательно он описал
Ее равнодушные, как небеса,
Бесцветные очи ее.

Впервые он видел ее, говорил,
Когда городок белоснежный горел,
Но мы завершали маршрут,
И в синенькой юбке и белом платке
Она протянулась в глухое пике
Раскрыть надо мной парашют.

Добавил: ее на рассвете видней.
Всегда пионерская форма на ней.
Иссиняя лента в косе.
— И он захрапел, и проснулся домок,
Отныне пустой, хоть не вешай замок,
Поскольку гуляли на все.

А я, у меня ничего своего,
Но эта астральная сучка его,
Воздушный его комиссар,
Ответит, ответит за каждый вираж
И вспомнит погибший его экипаж
И что там еще предписал!

А все изменилось. И жизнь зажила,
Как будто светла и прозрачней стекла
И ей ничего не должны.
И мой постоял, огляделся окрест
И стал контролером за честный проезд
На транспортных средствах страны!

She's a daughter, and an old hag, and a wife,
And as for how she looks under her clothing
I would have forgiven his lies,
But he went to a lot of detail to describe
Her indifferent, her colorless eyes,
That looked just like the heavens.

The first time he saw her, he would say,
Was when a snow-white city was burning,
But we were finishing our run,
And in a little blue skirt and a white kerchief
She reached over in a dead-end dive
To pull the chute open for me.

He added: it's easier to see her at dawn.
She always wears a girl scout's uniform.
The ribbon in her plait is dark blue.
— Then he started snoring, and the house woke up,
Empty from now on, don't bother locking,
Since we'd squandered all that we had.

But I, I have nothing that's my own,
Except that astral little bitch of his,
His atmospheric commissar,
He'll answer, he'll answer for each time he banked
And he'll remember his team that died
And his instructions, in addition!

But everything changed. And life started back,
As if it was lit up and clearer than glass
And we weren't in any debt to it.
And my man stood a bit, took a quick look around
And became a ticket-checker for an honest trip
On the public transit of our land!

Но только однажды вернулся чужим,
Попрежним, и в голосе тот же нажим,
И, глядя мне близко в лицо,
Сказал, что земное постыло ему:
Небесная Дочка предстала ему
В троллейбусе, где Кольцо.

И лег на кровать, и стал умирать,
Невидимый пух с простыни обирать,
И умер, пока без ума,
Крича, я бежала купить корвалол
И вижу: троллейбус по кругу пошел,
А в первом окошке — Сама.

Была пионерская форма на ней.
Она покраснела до самых корней.
Слегка наклонилась в окне
И страшно в моих зашумела ушах,
Но к ней на подножку я сделала шаг
И суд заседает по мне.

…Простите ж меня, хоть прощения нет,
За гибель девчонки двенадцати лет,
Невинно пропавшей за то,
Что в бездне бездушной, как рыба в ухе,
Небесная Дочка живет во грехе,
А с кем — не узнает никто.

…*А жизнь продолжает себя.*

Only once he came back, looking all strange,
Like before, and with the old clamp in his voice,
And, looking close into my face,
Said that now he was tired of the earthly:
The Heavenly Daughter had appeared to him
In the trolleybus, at the Ring.

And he lay on the bed, and he started to die,
To pluck invisible fluff from the sheet,
And he died there, while out of his mind,
Shouting, I ran out to buy Corvalol
And I see: a trolleybus making the circle
And in the front window: Herself.

She was wearing a girl scout uniform.
She blushed to the very roots of her hair.
She leaned slightly into the window
And a horrible ringing began in my ears,
But I took a step towards her on the stair
And the court's now in session for me.

. . . Forgive me, even though who could forgive,
For the death of a girl who was just twelve years old
Who died although guilty of nothing, because
In the soulless abyss, like a fish in fish soup,
The Heavenly Daughter lives in sin,
And with whom — no one will ever know.

  . . . *And life just keeps on going on.*

Notes

Parents Day
Pioneer Camp: summer camps for Soviet youth, this one named after Felix Dzerzhinsky (1877–1926), the Bolshevik leader who established the Soviet secret police (the Cheka).

Between Poets (A Vaudeville)
Vasily Zhukovsky: (1783–1852) a Romantic poet known for his mellifluous verse. The Russian word for "beetle" is the first syllable of his last name (*zhuk*).

Konstantin Batiushkov: (1787–1855) a Romantic poet known for his stylistic daring and satirical gifts. He served in several military campaigns. He also struggled with hereditary mental illness, to which he succumbed in the early 1830s.

Petr Viazemsky (1792–1878) and Alexander Pushkin (1799–1837) belonged to the same circle of poet-friends as Zhukovsky and Batiushkov, Pushkin being the most celebrated among them.

Leningrad Directory of Writers at the Front 1941–45
1.
L.P.: Leonid Panteleev (1908–89), a popular Soviet children's writer. A closeted Christian mystic, he revealed his faith in a posthumous statement, "Credo." His daughter Masha was featured in his stories; she was diagnosed with schizophrenia as a teenager.

Kharms: Daniil Kharms (1905–42), an absurdist poet. His friend Panteleev was one of the last to see him before he was arrested for the second time in 1941. To avoid being sentenced, Kharms feigned insanity and died in Leningrad's asylum the following year.

2.
O. B.: Olga Berggolts (1910–1975), a poet best known for her patriotic verses written during the siege, which she performed as a celebrity on Leningrad Radio.

Prince Potyomkin: (1739–91), a lover and councilor of Catherine the Great. He is mentioned here by Berggolts's lover, Georgy Makogonenko, a noted scholar of late 18th and early 19th century literature and head of Leningrad Radio.

Nikolai Molchanov: Berggolts's husband, who died of starvation during the siege.

3.
V. V.: Vsevolod Vishnevsky (1900–51), a Soviet author, the head of the Leningrad Union of Writers. He wrote an operetta about the siege titled "Baltic Sky," which was deemed by Soviet authorities too realistic to stage.

O. M.: Olga Matiushin (1885–1975), an artist and the last wife of Mikhail Matiushin (1861–1934), a major avant-garde painter. Their home was a gathering place for the Petersburg avant-garde. The house survives today as a museum thanks to Vishnevsky; he lived there during the siege with Olga Matiushin, who was blinded by a bombing.

Mikhail Vasilievich: Matiushin.

Elena Genrikhovna: Elena Guro (1877–1913), a major writer and artist of the prerevolutionary avant-garde, and Matiushin's first wife.

"Silva": an operetta by the Hungarian composer Emmerich Kálmán. Petersburg theaters continued to stage repertory during the siege.

4.
V. V.: Vsevolod Vishnevsky.

N. K.: Natalya Krandievskaia (1888–1963), a symbolist poet, the ex-wife of Soviet author Aleksei Tolstoy. She rediscovered her poetic vocation during the siege.

Suvorin: Aleksei Suvorin (1834–1912), a conservative writer and publisher who was greatly influential in late nineteenth-century literary life.

5.
V. I.: Vera Inber (1890–1972), a successful Soviet poet, despite her family connection with Leon Trotsky. She wrote patriotic poetry about the siege, for which she received a Stalin Prize in 1946.

Several Positions
3.
Aretino poses: Pietro Aretino (1492–1556), a Renaissance poet and satirist, the author of sixteen sonnets accompanying the erotic engravings of Marcantonio Raimondi for *I Modi, The Ways*.

"And Pushkin falls into the bluish;/ And who lay in the vale of Dagestan" refers to the southern exile of two great Russian Romantic poets: Alexander Pushkin (1799–1837) who spent several years in exile in Crimea, and Mikhail Lermontov (1814–1841) who served with the army in the Caucasus, and whose most famous poem begins, "In the noonday heat in the vale of Dagestan."

Sarra on the Barricades
The year nineteen-oh-five: a time of broad social and political unrest, often called the "rehearsal" for the revolutions of 1917.

Guidon in a barrel: in Pushkin's literary folktale, "The Tale of Tsar Saltan," the tsars's evil stepsisters throw the newborn tsarevich Guidon and his mother into the sea in a barrel.

Great-grandmother Sarra: Stepanova's great-grandmother, Sarra Ginsburg.

Sarra Sverdlova (1890–1964), a Bolshevik revolutionary, with her brother Iakov Sverdlov a member of Lenin's Secretariat.

Acknowledgments

BARSKOVA

Chteniia: (*Russian Life*), "Leningrad Directory of Writers at the Front (1941–45)"

Spillway: "Family Outing"

Massachusetts Review: "The Translator I," "The Translator II"

Bat City Review: "The Lawyer and the Pearl (A Fable)," "Between Poets (A Vaudeville)"

The Common: "The Act of Darkness"

Big Bridge: "Relocation," "1998"

GLAZOVA

The Common: ""the superior sun will never move," "thread your fingers through whole hinges"

STEPANOVA

The Common: "Zoo"

Chteniia (*Russian Life*): "I write these lines down, lying down"

Contributor Biographies

POLINA BARSKOVA began publishing her poetry at age nine and is the author of eight books of poems; her latest, *Ariel's Dispatch* (*Soobshchenie Arielia*, NLO, 2011), was nominated for an Andrey Bely award. Two collections of her poetry in English translation appeared recently: *This Lamentable City* (Tupelo Press, 2010) and *The Zoo in Winter* (Melville House Press, 2010). She is a published scholar with degrees in classical literature (from St. Petersburg University) and Slavic languages and literatures (UC Berkeley). Her research has focused on cultural life during the siege of Leningrad, about which she has numerous publications and two forthcoming books. She currently teaches Russian literature at Hampshire College and lives in Amherst, Massachusetts.

ANNA GLAZOVA is the author of three books of poems, the most recent, *For a Shrew* (*Dlia zemleroiki*, NLO, 2013), being honored with the Russian Prize for Poetry. She is a poet, translator and scholar of German and Comparative Literature with a PhD from Northwestern University. She has translated into Russian books by Robert Walser, Unica Zürn and Ladislav Klima; her translations of Paul Celan's poetry recently appeared under the title *Speak you, too* (*Govori i ty*, Ailuros, 2012). A volume of her poems in translations by Anna Khasin, *Twice under the Sun*, appeared with Shearsman Books in 2008. Her scholarship has focused on the work of Paul Celan and Osip Mandelstam. She teaches and resides in Hamburg, Germany and the United States.

MARIA STEPANOVA is the author of nine books of poems and the recipient of numerous literary awards, including the Andrey Bely award (2005) and a Joseph Brodsky Memorial Fellowship (2010). Among her most notable works are a book of post-modern ballads, *Songs of the Northern Southerners* (*Pesni severnykh iuzhan*, ARGO-RISK, 2001) and a book-length narrative poem, *John Doe's Prose* (*Proza Ivana Sidorova*, NLO, 2008). *Relocations* presents the first extensive selection of her poems in English translation. Her activities as an essayist and journalist make her a visible cultural figure. Since 2007 she has worked as editor of the independent online journal OpenSpace.ru, now reconfigured as the crowd-funded journal Colta.ru. She is a lifelong resident of Moscow.

* * *

CATHERINE CIEPIELA is a scholar and translator of modern Russian poetry. She is the author of a book on Marina Tsvetaeva and Boris Pasternak (*The Same Solitude*, Cornell UP, 2006) and co-editor with Honor Moore of *The Stray Dog Cabaret* (NYRB 2006), a book of Paul Schmidt's translations of the Russian modernists. Her translations have appeared in *The New Yorker*, *The Nation*, *The Massachusetts Review*, *Seneca Review*, *Pequod* and *The Common*. She teaches Russian literature and poetic translation at Amherst College.

ANNA KHASIN is an independent translator and poet living in Boston. Her earlier translations of Anna Glazova were published by Shearsman Books under the title *Twice Under the Sun* (2008).

SIBELAN FORRESTER is Professor of Russian at Swarthmore College with a scholarly focus on Russian modernist poetry, particularly the work of Marina Tsvetaeva. She writes her own poetry and has published poetic and scholarly translations from Croatian (Dubravka Oraić-Tolić's *American Scream* and *Palindrome Apocalypse*, Ooligan Press, 2004), Russian (Elena Ignatova's *Diving Bell*, Zephyr Press, 2006; Vladimir Propp's *Russian Folktale*, Wayne State University Press, 2012), and Serbian (stories by Milica Mićić-Dimovska and an excerpt from Miroljub Todovorić's verbal-visual novel *Apeiron*).

Zephyr's series IN THE GRIP began with the anthology *In the Grip of Strange Thoughts: Russian Poetry in a New Era*, a bilingual edition of thirty-two contemporary poets writing amidst the upheaval of the Russian 1990s. The collection conveys a sense of the profound freedom and energy of a unique moment in Russian history, as well as the diversity of experience in the years before and since.

Edited by poet and translator J. Kates and with a foreword by Mikhail Aizenberg, the anthology includes poems written long before 1990 but which could not be published, and those of more recent vintage.

These thirty-two poets represent a phenomenal range of styles and perspectives. Beginning with the popular songwriter Bulat Okudzhava, who started accompanying his poems on his guitar in the 1950s, the anthology includes poets whose work is deeply rooted in established conventions, avant gardists experimenting with new forms, and adherents of Russian free verse.

Previous titles have included bilingual editions of Gennady Aygi, Anzhelina Polonskaya, Tatiana Shcherbina, Sergey Gandlevsky and Elena Ignatova. For a full list of IN THE GRIP titles, please visit:

www.zephyrpress.org